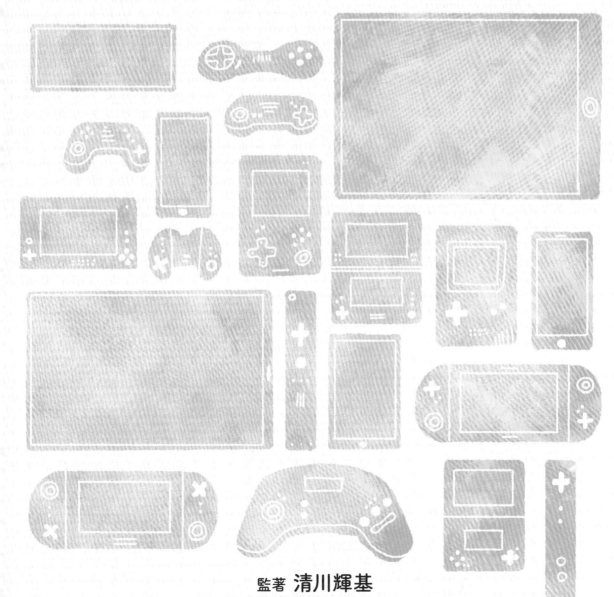

パワポで
簡単！

CD-ROM
付き

GIGAスクール時代の
スマホ・ゲーム・ネット
リテラシー授業

監著 清川輝基

はじめに

　コロナ禍を機に、日本の社会は大きく変わり始めています。テレワーク、オンライン講義、Zoom 会議、ネットショッピング、ネットバンキングなどのデジタル端末を使った行為が、これまでの補完・代替の座から、堂々たる主役の座へと位置を変えてきています。ワクチン接種の予約に際してもウェブサイトでの受付が主流となり、インターネット時代の到来を感じさせる現象が各地で見られました。

　このうねりは、学校教育の現場にも子どもたちの日常生活にも押し寄せています。コロナ休校によって、ゲームや動画、SNS（ソーシャル・ネットワーキング・サービス[※]）などの "スクリーンタイム"（電子映像への接触時間）は増加傾向にありましたが、コロナ対策として前倒しされたGIGA スクール構想で1 人1 台端末が実現したことで、学校内外でのインターネット接触は、今後、飛躍的に増えていくことが予想されます。

　ネットメディア問題の講演で、全国各地をまわっている私のところにも、保護者の心配や教師の戸惑いが聞こえてきます。そうした中で私の脳裏に浮かぶのが、約20年ほど前のカナダでのインタビューです。メディアリテラシー教育の先進国カナダでは、1998 年にすべての州において、1～12年生の全学年でメディアリテラシー教育が義務化されました。「国語」の時間の20 ～25％ が、その教育に充てられています。その実情を視察に訪れた私たちが、メディアリテラシー教育の目標を、推進運動の中心人物であるニール・アンダースン氏に問いかけて返ってきた歯切れ良い答えが鮮明に耳に残っています。

　「メディアを批判的、主体的に受け止め、メディアを相対化できる力を身につける」

　「メディアに振り回されず、子どもたちが時間を自己管理できるように」

　「メディアだけではなく家族と話をしたり友達と遊んだりすることも必要だとわからせたい」

　翻って、現在の日本の子どもたちのスクリーンタイムを、どうコントロールするかを考えるうえで、アンダースン氏の言葉は、今も有効なように思えます。本書がそのお手伝いができることを心から願っています。

清川 輝基

※Facebook、Twitter、LINE、Instagram などが代表的

本書の使い方

　本書はGIGAスクールが始まったこの時代に、インターネット（以下「ネット」）の正しい使い方やスマートフォン（以下「スマホ」）、タブレット端末（以下「タブレット」）、ネットゲームとの向き合い方を児童生徒に伝えることを目的とし、パワーポイントによる授業展開案を集めたものです。対象年齢は、小学生から高校生です。通常の授業（集団指導）はもちろんですが、保健室や職員室などでの個別指導、数人のグループを対象にした指導のほか、保健委員会での広報活動などの資料づくりにもご活用いただけます。

　7つの章からなる構成で、解説とパワーポイントによる授業（指導）案になっています。授業を展開していくうえで教師が知っておきたい知識として監修の先生からの解説を収めてあります。また、掲載したパワーポイントのスライドとシナリオは、すべて付属のCD-ROMにデータが入っています。授業展開案やシナリオなどの文字データは、子どもたちの発達段階や学校の状況に合わせて、書きかえてお使いください。

■ パワーポイント　ページ構成

> 授業展開を推奨する対象学年を示しています。

> 授業などでのシナリオ展開例です。スライドを見せながら読みます。アレンジしてお使いください。

> スライドの文字データは、パワーポイント上で変更可能です。

> 数字は、シナリオの番号と連動しています。

> パワーポイントによる授業展開案です。

※CD-ROMに収録しているデータは、営利目的での利用はできません。学校内で教育利用（授業や児童生徒や教職員、保護者向けの配布物などに使用）が目的であればお使いいただけます。それ以外の目的、ならびにインターネット上で使用することはできません。

■ シナリオについて

　パワーポイントのスライドに対応したシナリオ案を掲載しています。シナリオは口語体になっており、実際の授業などですぐにお使いいただけるように作成しました。

　CD-ROM のデータでは、パワーポイントの各スライドの「ノート」の部分にシナリオデータがあります。スライドを見ながらシナリオを変更したり、シナリオを見ながらスライドのアニメーション（動き）などを変更したりすることができます。

■ パワーポイント授業展開案について

　パワーポイントは、変更や保存が容易にでき、アニメーション（動き）などで効果をつけることもできます。作製したスライドは、掲示物などにも利用できるというメリットもあります。

　パワーポイント使用が初心者の場合は、そのままお使いいただいてもよいですし、経験者の場合は、データを自由に追加、変更して、より子どもたちの実態に合った内容にしてお使いいただくことができます。

　パワーポイントのファイルは、以下のように表示されます。

　パソコン（以下 PC）をプロジェクターに接続すると、スライドを投影させることができます（※ PC とプロジェクターの接続については、お使いの機器の取扱説明書をご確認ください）。

パワーポイントの使い方 Q&A

イラスト

Q：イラストの大きさを変更することはできますか？

A：変更したいイラストを選択して、イラストの大きさ、角度、位置が変更できます。

Q：イラストを消すことはできますか？

A：消したいイラストを選択し、Del キーを押します。

印刷

Q：スライドとシナリオ部分を同時に印刷することはできますか？

A：メニューの「ファイル」→「印刷」→「設定」で印刷したいレイアウトを選択します。
いろいろな印刷レイアウトがありますので、活用方法に応じて使い分けてください。

その他

Q：子どもたちに見えないようにして、シナリオを確認しながら指導できますか？

A：プレゼンテーションに使用する機器に、複数のモニターを使用する機能があれば可能です。
プロジェクターと PC をつなぎ、メニューの「スライドショー」→「発表者ツールを使用する」にチェック→「スライドショーの開始」をクリックします。プロジェクターにはスライドが表示されますが、手元のパソコンには、画面の左にスライド、右にシナリオ、下に縮小されたスライド一覧が表示されます。シナリオの文字は、読みやすい大きさに拡大縮小することができます。

上記以外にも、ご不明な点がありましたら、「ヘルプ」機能をご活用ください。

① パワーポイント画面を開いて、キーボードの「F1」を押すと、ヘルプ画面が出てきます。

② 調べたいキーワードを入力すると、関連する項目が出てきますので、目的のものを選択します。

※ CD-ROM の使い方、CD-ROM の構成については P.100 〜 101 をご覧ください。

※ PC の OS（Windows・Mac など）や、パワーポイントのバージョンによって、操作が多少異なります。

もくじ

※●印は PowerPoint による授業展開案、▲印はワークシートです（CD-ROM にデータあり）。

なぜ、いま、ネットリテラシーなのか

1 コロナ休校でメディア接触に変化が……

　2020 年、新型コロナウイルスが世界中で猛威をふるい、子どもたちの暮らしにも大きな影響をもたらしました。3か月に及ぶ学校の休校、外出や外遊びもままならない自粛要請の結果、発達期の子どもたちは、ヒトがヒトになるうえで最も肝要な「人と語り合うこと」「人と手を繋ぐこと（協働）」「人と触れ合うこと」を奪われてしまいました。

　そして子どもたちは、スマホ、ゲーム機、タブレット、DVD などといった電子映像に向き合う「スクリーンタイム」の時間をひたすら増やすことになりました。

　それまでわが子にスマホやタブレットを買い与えるのを控えていた親たちも、学校からのオンラインの授業や連絡のために、そうしたメディア機器を新たに購入したり、在宅での仕事に集中するために、今までは我慢させていたゲーム機を買い与えたり……といった現象が各地で見られたのです。

　休校中に睡眠以外で何に最も時間を使ったか？　という問いに、9割を超える小中学生が、ゲーム、動画視聴、SNS を含むスクリーンタイムと答えています。

　その結果、視力の急激な悪化、体重の異常増、心の変調などといった子どもたちの心身の異変が、各地の学校から報告されました。

　そして、休校中に急増した子どもたちのスクリーンタイムは、学校再開後も平日のゲーム・動画視聴・SNS の時間増となってその影響が残っていることも各地の調査で明らかになっています。

　また、突然の休校で授業ができなくなった学校は、急遽オンラインでの教育活動にチャレンジし始めました。家庭にあるスマホ、タブレット、パソコンを利用して、宿題や課題の配信、双方向での授業などが実施されました。

　当時、双方向での授業が実施されたのは、全体の5％程度（文部科学省 調査）にとどまりましたが、各家庭にある情報通信機器の学校教育への利活用に一石を投じた一方

で、家庭の情報環境の格差がそのままストレートに教育格差につながりかねないという危うさも見えたのです。

　子どもたちにとっては、スクリーンタイムが爆発的に増えることになったこのオンライン授業は、すべての子どもに平等で友達と共に学ぶ「学校」という場の価値をあらためて認識させられることにもなりました。

2　学校現場にも新たなリスクが……

　コロナ禍の最中、学校現場の電子メディアに関連してこれまでになかった新しい政策が打ち出されました。

　そのひとつが、中学校へのスマホ持ち込みの条件付き解禁です。文部科学省は2009年、小中学校への児童生徒の携帯電話持ち込みを原則禁止するという指針を全国に出していました。この指針は、学校以外での子どもたちのケータイ、スマホ使用を事実上野放しにし、しかもケータイ、スマホが子どもたちにもたらす諸々の災厄から学校と教師の責任を一切免罪してしまう最悪の指針となっていました。

　今回、文部科学省はその指針を変更して、中学校に関しては、学校長や教育委員会の判断で持ち込みを認めてよいことにしたのです。経済産業省（文部科学省ではなく）の研究会は以前から学校に児童生徒のスマホやタブレットを持ち込ませて教育に使おうというBYOD（Bring Your Own Device　キミの端末を持ってきて）という政策を提案していました。今回の変更でそれが可能になったのです。

もうひとつが、新型コロナウイルス感染症対策として補正予算で、突然繰上げ実施が決まったGIGAスクール構想(Global and Innovation Gateway for All)です。これも経済産業省教育産業室主導の教育改革プランで、全国すべての小中学生にタブレットかパソコンを配布し、明治以来の旧来型一斉授業スタイルの日本の教育を一気に変えてしまおうという構想です。元々は学校の情報環境整備や教師の研修なども含めて、2023年度末までに4年間で整備する計画でしたが、新型コロナ対策の名目で4年分の補正予算をまとめて全額通してしまったのです。2020年度後半、全国の小中学校では、タブレットなどの収納庫を設置したり、情報環境整備のためのルーター設置の突貫工事が始まったりとハード面の対応に追われました。そして2020年度末までには、全国ほとんどの地域で、小中学生全員分のタブレットなどの端末機器が学校へ配られました。

　しかし、課題は山積しています。まず、タブレットなどを使いこなして何をどう教えるのか、教師への研修がほとんど手つかずのままになっています。この研修が不十分だと、せっかく1人1台のタブレットが配られても宝の持ち腐れになってしまいかねません。さらに、配られたタブレットなどを、予習復習などの学習のために自宅に持ち帰ることを認めるのかどうかについても、文部科学省は当然のこととして、持ち帰りを推奨していますが、各地の教育委員会の判断は分かれています。各家庭の情報環境の格差にどう対応するのか、家庭での維持費や破損の際の費用を誰がどの程度負担するのかも悩ましい問題です。

　そして、GIGAスクール構想が学校現場で現実の教育の営みになっていくことで、最も懸念されるのが、スクリーンタイムの長時間化、そして子どもたちがインターネットの世界に無防備の状態で急激にさらされていくことです。

　子どもたちは、タブレットやスマホで長時間にわたって膨大なネット情報に触れることになるわけですが、その中には怪しいフェイクニュースや巧妙な情報詐術が含まれています。そうした情報を適切に判断し対処するネットリテラシーが、現在の子どもたちにはまったく身についていないのです。さらに、長時間のスクリーンタイムは、後述するように子どもたちの脳や目、足など人間としての基本的な能力の発達に有害であることも明らかになっています。

　子どもたちがネットの海を安全に泳ぐためには、高度な眼力と適切な護身術、ネットリテラシーを身につけることが必要なのです。

③ ネット社会の落とし穴

　2018年8月、厚生労働省研究班は病的なインターネット依存が疑われる中高生が7人に1人、93万人にも上るという衝撃的な調査結果を発表しました。5年前の調査からほぼ倍増していました。そして2019年の5月には、WHO（世界保健機関）がゲーム中毒を「ゲーム障害」という名称で精神疾患として正式に認定しました。

　こうした内外の動きにもかかわらず、子どもたちのスマホやゲーム機などの電子映像メディア接触（スクリーンタイム）の長時間化が進行しています。乳幼児向けスマホアプリ、魅力的なゲームソフトがそうした流れをつくってきました。コロナ休校、コロナ自粛、さらにはGIGAスクール構想がその流れをより一層加速させることになりそうです。

　子どもの育ちにとってこうしたネット社会の進行は、どんな関わりがあるのか、4つの落とし穴を指摘しておきましょう。

3-1 スマホが学力を破壊する

　これは、東北大学の脳科学者 川島隆太教授の著書のタイトルです。川島教授は長年7万人を超える仙台市の小中学生の脳活動とスマホやタブレットなどの使用時間との関係を調査研究した結果「スマホなどの時間が1日1時間を超えると脳の活動にマイナスの影響が出始め、長時間使用が増えるほど学力低下のレベルも大きくなる」ことを明らかにしました。特に、「1日3時間を超えると脳の発達が止まってしまい人生で大きなハンディキャップを負うことになる」と警告しています。

3-2 ゲーム、スマホで子どもは育たない

　これから子どもたちが高齢化社会を生きていくうえで、極めて大切なのが「足」や「目」「背筋力」などですが、そうした機能が本来育つべき子ども期にスマホやタブレット、ゲームの時間が肥大すると発達のレベルが低いままで大人になってしまい、極端な「視力悪化」や「ロコモティブ シンドローム」を引き起こすことになります。

　歩かなければ子どもの「足」は絶対に育ちませんし、使わなければ子どもの「筋肉」は発達しないどころか、衰えるばかりになってしまいます。

　また子どもの「目」の発達には、1日最低2時間は太陽光を浴びることが重要だといわれています。

　しかし、室内でゲーム機やスマホ、タブレットのように、至近距離で小さな平面画面を見続ける生活では、目の発達はまったく期待できません。そればかりか、狭く小さな画面を至近距離で見続けると両眼視に異常が生じ、立体視力の低下につながっていきます。

3-3 ネットトラブル激増

　日本の学校教育の中では、インターネットの特性やその闇の世界で身を守る方法をちゃんと子どもたちに学ばせるネットリテラシー教育が極めてお粗末な状態です。その中で子どもたちは、大人とまったく同じ、スマホやタブレット、ゲーム機を与えられています。さまざまなネットトラブルに巻き込まれない方が不思議だといえましょう。例えるならば、車社会で車の特性や交通法規、交通ルールをまったく教えることなく、子どもに車やオートバイを無制限に与えている状態だといえます。他者を傷つけ、自分も傷つく、そんなネットトラブルが全国で多発するのは当然なのです。

　ネットいじめ、他人への誹謗中傷、個人情報の流出、裸の写真などの、写真・動画の悪用による人権侵害、過大な課金などを含む金銭トラブル、性暴力・誘拐などの犯罪被害、ネットのストレスによる生活の変調……。

　ネット上の情報に対するリテラシーも身についておらず、他者や自分自身の人権についての認識も圧倒的に不十分な子どもたちは、実に多様なトラブルに巻き込まれたり、引き起こしたりしているのです。

3-4 ゲーム依存、ネット依存の落とし穴

　ゲームやスマホを片時も手放せない、トイレでもお風呂場でもベッドの中でも……。前述したようにわが国の中高生のインターネット依存は激増しています。

　依存症という病名がつく状態になると生活は破綻し、学校も仕事も続けられなくなってしまいます。依存症専門外来のある国立病院機構久里浜医療センターの樋口進院長は、「治療は非常に難しい。予防が何より大事」と話します。

　年齢の低い幼少期から無制限のゲームやスマホは、危険な落とし穴に転げ落ちて人生を台無しにしてしまうリスクが高いことを、親や教師は繰り返し子どもに伝える必要があります。

　「ゲームやスマホをやめられる力をどこで培うか」が大切なのです。

　そして今、気がかりなのが小学校入学前の幼児期のインターネット接触です。年々増加傾向が見られていたのですが、GIGAスクール構想の本格的実施が乳幼児の親たちにどんな影響を及ぼすのか、発達への影響が大きいだけに注視していく必要があるでしょう。

4 GIGA スクール 本格スタート、しかし……

　前述したようにGIGA スクール構想は、新型コロナ感染症対策として4年分の予算が一気に可決され、急遽前倒しで実施されることになりました。しかし、各地の教育委員会や学校現場では、突然の実施に戸惑いや混乱が見られます。

　その一部を紹介してみましょう。

●突貫工事で各教室にルーターを設置しているが、その品質 (価格)はバラバラで、いくつかの教室で同時に使用すると機能停止状態に。

●タブレットの保管庫に充電機能があるが、教室が夜間氷点下になると機能しない。

●小学校低学年の場合、ID やパスワードを誰が設定するかで教職員の話し合いがまとまらない。

●全員分のタブレットは学校には届いたが、教職員の準備、保護者への説明、子どもへの説明が間に合わず、2021 年度内に学年ごとに時期をずらして配布する予定。

●子どもたちの操作内容がサーバーに記録され、外部からのアクセス可能なことが判明し「個人情報保護条例」に抵触することが指摘されてとりあえず使用中止に。

　このほか、自宅持ち帰りの初日に配られたタブレットを壊してしまったり、学校がかけた制限を自力で突破した子がヒーローになったり、休み時間に全員が教室内でタブレットを触ってグラウンドに誰も出てこなくなって、教師が慌てたり……。

　そんな中、文部科学省は、2021 年3 月12 日『GIGA スクール構想』の本格スタートにあたっての留意点を、全国の教育委員会とすべての小中学校に向けて発出しました。しかし、学校現場の教職員の多くがこの文章を読んでいないのが実情のようです。

　そこで本書では、その中からリテラシー教育、児童生徒の健康問題、教師の研修、保護者・家庭との協力に関する部分を抜粋して紹介しておきます。

■ 教師の ICT 活用指導力の向上

ICT はあくまでもツールであり、教師の授業力と相まって、その特性・強みを生かされるものであることに留意し、各教育委員会及び学校において、新学習指導要領を踏まえた学習活動を想定しつつ、ICT を活用した指導方法についての研修を充実すること。

■ ICT の活用に当たっての児童生徒の健康への配慮等について

学校における1人1台端末の本格的な運用が始まり、また同時にデジタル教科書・教材の活用など学校や家庭における ICT の使用機会が広がることを踏まえ、視力や姿勢、睡眠への影響など、児童生徒の健康に配慮すること。

■ 保護者や地域等に対する理解促進について

GIGA スクール構想は、保護者や地域等の協力を得ながら着実に推進すべきものであることから、各学校設置者等は、関係者と緊密に連携して、適切な機会をとらえて、保護者等に対し、当該構想の趣旨等の理解促進を継続的に図ること。学校で整備されたものを含む家庭での端末の利用に関するルール作りを促進することや、学校運営協議会や地域学校協働本部等の協力を得ることなど学校だけではなく家庭や地域とともに取組を推進することが重要であること。

(文部科学省『GIGA スクール構想の下で整備された1人1台端末の積極的な利活用等について』令和3年3月12日発表より抜粋)

5 今こそ子どもたちにネットリテラシー教育を

コロナ休校やコロナ自粛で増加傾向がみられた子どもたちのスクリーンタイムは、GIGA スクール構想の本格的な実施や中学校へのスマホ持ち込みの条件付き解禁などで、今後さらに増えていくことが予想されます。そして、学校や家庭でゲームやスマホ、タブレット、パソコンなどのインターネット接続機器の長時間使用を野放しにすることは、前述した４つの落とし穴に転がり落ちる危険性が極めて高くなっていくと思われます。

少子化が進行する今、少なく生まれてくる子どもたちが誰ひとり落伍することなく、大人に育っていくことは、社会にとっても国家にとっても最も重要な課題です。そのためには、子どもたちはもちろん教師も親も、インターネットの特性や危険性をしっかり学び、その落とし穴からしっかり身を守る「護身術」ネットリテラシーを身につけることが肝要です。

さらに、子ども・若者たちのスクリーンタイムが増えると情報入手はもっぱらネットのみという「情報入手の単線化」も進行します。もともとネット情報の信頼性は極めて低く、フェイクニュースにあふれていたり、政治権力や資本に操作されたりと、情報入手をネットのみに依存するのは危険極まりないのです。

ネット情報への単線化は、新聞や本も読まずテレビさえ見ないという「情報入手の偏食」になり、子どもたちの思考や発想を歪める危険性が高いのですが、そこにはもうひとつの落とし穴も隠れています。スマホやタブレットで情報を求める場合、子どもや若者は自分にとって"おいしい"情報、"都合のいい"情報だけを「偏食」しがちであるという落とし穴です。

こうした二重の情報の「偏食」は、子ども・若者の社会や政治への眼差しを歪ませたり、曇らせたりすることを教師や親たちはしっかり意識しなければなりません。

ネット社会に生きる子どもたちにとって、護身術としてのネットリテラシーとは、まず第一に、ネットから得られる情報をうのみにするのではなく、その情報がどんな意図でつくられ、どんな目的で発信されているかを自ら判断し正しく利用できる能力です。そして第二には、ネット機器の長時間利用による心身への弊害を防ぎさまざまな落とし穴に転げ落ちることから身を守る能力です。

子どもたちに必要なネットリテラシー教育とは、そうした２つの能力を子どもたちに培いながら、ネットから離れた生活の大切さにも気づかせるというネット社会に欠かせない教育なのです。

子どもたちの
ネット使用の現状は？

1 実態調査の必要性と体制づくり

　子どもたちのインターネット接続機器への関わりは、年齢、性別、家庭の情報環境や、経済状況、地域社会の特性などによって実に多様です。

　GIGA スクール構想が動き出した今、学校内でのスクリーンタイムの総時間と学校外、特に家庭内でのインターネット接続機器への関わりを総合的に把握して、子どもたちの健康管理はもちろん、学習指導や生活指導に生かすことが重要な学校教育の課題となってきました。

　そのためには、学校長を中心に養護教諭や学年主任、教科主任などのメンバーでまず、学校内での教科指導におけるスクリーンタイムの実態を把握する必要があります。

　その実態に応じて、教科指導や家庭でのデジタル機器を使用した課題設定に一定の配慮が求められることは当然です。

　そして、子どもたちのスクリーンタイムの総合的把握に欠かせないのが、家庭でのネット機器接触の実態です。子どもたちのネット機器への関わり方は、年齢、性別、家庭の情報環境や経済状況、地域社会の特性などによって実に多様です。小学校1年生からタブレットによる教育が始まろうという現在、学校でのネットリテラシー教育にあたっては、子どもたちの学校外でのそうしたネット機器接触の実態を的確に把握した上で実施する必要があります。

　小学校低学年は保護者に、それ以上の子どもたちには、自記式で次のような内容の調査を実施しましょう。

- ● 何を持っているか（スマホ、タブレット、パソコン、携帯用ゲーム機その他）
- ● 自分専用か、共用か
- ● 何に使っているか（ゲーム、動画視聴、SNS、学習、その他）使用頻度の順位もたずねる
- ● 使用時間（平日、休日）
- ● 使用時間帯（平日、休日ともに何時ごろまでか）
- ● 主な使用場所（自室、リビング、友人宅……）
- ● 家庭での約束、ルールは？
- ● これまでに、ネットに関してどんなトラブルがあったか？
- ●「就寝前1時間は触らない」は守られているか
- ●「30分に1回、画面から目を離して遠くを見る（続けて使わない）」は守られているか

　以上のような内容の調査を保護者の理解を得ながら毎年定例的に実施するようにすれば、子どもはもちろん保護者への意識づけになるだけでなく、経年変化を見ることができて、後述する分析などもより有効なものになります。

　なお、GIGA スクール構想が進展していくと学校内での授業時間のスクリーンタイムも増大していくことが予想されます。その場合は、学習課題の受配信時間も含めて調査項目に、

- ● 授業時間を含む教育活動でのスクリーンタイムの総時間

という項目を加える必要があるでしょう。

2 実態調査の分析にあたって

　まず、注目するのはスクリーンタイムの長さです。日常の生活リズムや学習、多面的な発達を妨げるような長時間接触の子どもたちの発見が第一です。その際、学校では毎年実施されている視力検査のデータ、体力・運動能力調査のデータ、学力調査のデータなどとクロス分析を行うと問題が見えやすいでしょう。極端な長時間接触の子どもや深夜11 時以降の接触が常態化している子どもは、生活指導、学習指導のいずれの側面からも個別対応が必要です。

　また、「課金をしたことがある」「ネットで知り合った人に誘われたり、会ったりしたことがある」などの重大なトラブルにつながりかねない体験をしている子どもの発見も重要です。実態調査の質問事項を工夫して、深刻なトラブルを未然に防ぎたいものです。

3 教職員、保護者が共通認識を

　第1章で指摘したさまざまなネット社会の落とし穴や危険から子どもたちを守るためには、校長や養護教諭を含む教員全員の問題意識の共有が欠かせません。ネット社会における子どもをめぐる問題についての研修はもちろん、自校の実態調査の分析結果についても教職員間の情報共有の機会は非常に大切です。

　そして、PTAの会合やクラスの保護者会などでネット社会の問題点や実態調査の分析結果などについて保護者と情報共有することも大事なことでしょう。

　文部科学省は、2021年3月12日に次のような文章を発出しました。特に重要な事項を抜粋して紹介しておきます。

■ 1人1台端末の利用に当たり、保護者等との間で事前に確認・共有しておくことが望ましい主なポイント

■ 基本的な考え方

● 児童生徒に対し、安心・安全に利用するための使用ルールなどを指導するだけでなく、保護者や地域の方々など関係者にも理解と協力を得ながら、児童生徒が安心・安全に端末を利用できる環境を整えることが重要である。

● このため、保護者等との間で事前に確認し、共通理解を図っておくことが望ましい主なポイントを下記の通り整理したので参照願いたい(内容に応じて、児童生徒本人に対しても確認・指導されたい)。

1 児童生徒が端末を扱う際のルール

　各学校や各学校設置者において端末を扱う際のルールについてどのような目的や趣旨で定めたかを説明するとともに、その目的や趣旨を各家庭においても踏まえて使用していただきたいこと。

ご家庭と共有するルールの例
- 使用時間を守る
- 端末・アカウント(ID)・パスワードを適切に取り扱うこと(例:第三者に端末を貸さない、第三者にアカウント(ID)・パスワードを教えない 等)
- 不適切なサイトにアクセスしない
- インターネット上のファイルには危険なものもあるので、むやみにダウンロードしない
- 充電は学校や学校設置者が定めたルール以外の方法を行わない

● アプリケーションの追加/削除、設定の変更は、学校設置者・学校の指示に沿って行う

● 学習に関係のない目的では使わない　等

2 健康面への配慮

　学校・家庭での利用を通じて、子供たちの健康影響に配慮しながら使うことが重要であること。(学校内・外を問わずに ICT 機器全般の利用機会が広がることが見込まれることから、家庭においても、利用時間等のルールを定めることなども有効)

ご家庭における配慮の例

● 端末を使用する際に良い姿勢を保ち、机と椅子の高さを正しく合わせて、目と端末の画面との距離を30cm 以上離す(目と画面の距離は長ければ長い方が良い)

● 長時間にわたって継続して画面を見ないよう、30 分に1回は、20 秒以上、画面から目を離して、できるだけ遠くを見るなどして目を休める

● 端末を見続ける一度の学習活動が長くならないようにする

● 就寝1時間前からは ICT 機器の利用を控える (睡眠前に強い光を浴びると、入眠作用があるホルモン「メラトニン」の分泌が阻害され、寝つきが悪くなるため)

● これらの留意点について、児童生徒が自らの健康について自覚を持ち、時間を決めてできるだけ遠くを見て目を休めたり、目が乾かないよう意識的に時々まばたきをしたりするなど、リテラシーとして習得する　等

3 端末・インターネットの特性と個人情報の扱い方

　自分にとって危険な行動や他人に迷惑をかける行動をしないように、端末やインターネットの特性と個人情報の扱い方を正しく理解しながら使用することが重要であること。

留意点の例

● 本人の許可を得ることなく写真を撮ったり、録音・録画したりしない

● 児童生徒が自分や他人の個人情報(名前、住所、電話番号、メールアドレスなど) を、誰もがアクセスできるインターネット上に不用意に書き込まない

● 他人を傷つけたり、嫌な思いをさせることを、ネット上に書き込まない　等

(文部科学省 『GIGA スクール構想の下で整備された1 人1 台端末の積極的な利活用等について』令和3年3月12 日発表より抜粋)

ネット生活実態調査

小学校 低学年　小学校 中学年　小学校 高学年　中学生 以上

①

②

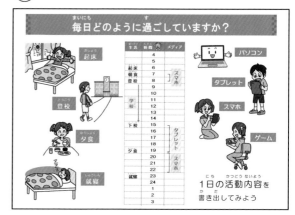

③

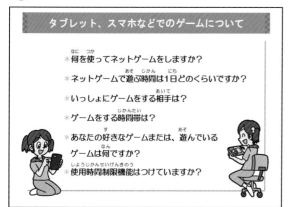

④

⑤

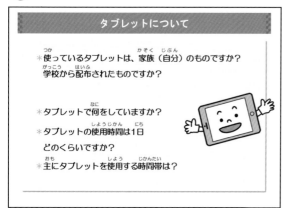

⑥

■ シナリオ

①インターネットに接続する機器、スマートフォン、タブレット、パソコン、ゲーム機を、みなさんはどのくらい使っていますか？　用紙に書き込んでください。平日の晴れた日と、休日の晴れた日、みなさんは何をして過ごしていますか？

②では１番、平日と休日、みなさんはどのように過ごしていますか？
朝起きてから夜寝るまで、学校や習い事などのほか、食事や入浴時間とスクリーンタイム、ゲーム機、スマホやタブレットなどを使う時間はどのくらいかな？　振り返って書いてください。

③次は２番です。ネットゲームについて聞きます。あてはまるものに、すべて○をしてください。
　→以降、p.23 の実態調査用紙２）を読み上げて、進めていきます。

④３番、スマホについて聞きます。使っているスマホは、自分専用のスマホですか？　家族のスマホを借りていますか？　あてはまるものに○をしてください。
　→以降、p.23 の実態調査用紙３）を読み上げて、進めていきます。

⑤４番、タブレットについて聞きます。使っているタブレットは、自分専用のタブレットですか？　家族の誰かのものですか？　それとも、学校から配布されているものですか？　あてはまるものに○をしてください。
　→以降、p.23 の実態調査用紙４）を読み上げて、進めていきます。

⑥最後の質問です。スマホ、タブレット、ゲーム機を使っていないときは、どこに置いていますか？　○学校に行くとき　○充電するとき　○夜寝るとき、それぞれ記入をしてください。

年　　組　名前

スマホやタブレットなどのデジタル機器（きき）の、使用習慣（しゅうかん）についておしえてください。

［　］内のあてはまるものに○をつけ、（　）には自分のことを書いてください。

1）　平日と休日、みなさんはどのようにすごしていますか？

　　朝起きてから、夜ねるまで、学校や習い事などのほか、食事や入浴時間（にゅうよく）とスクリーンタイム（ゲーム機（き）、

　　スマホやタブレットなどを使う時間）はどのくらいかな？　ふりかえって書いてください。

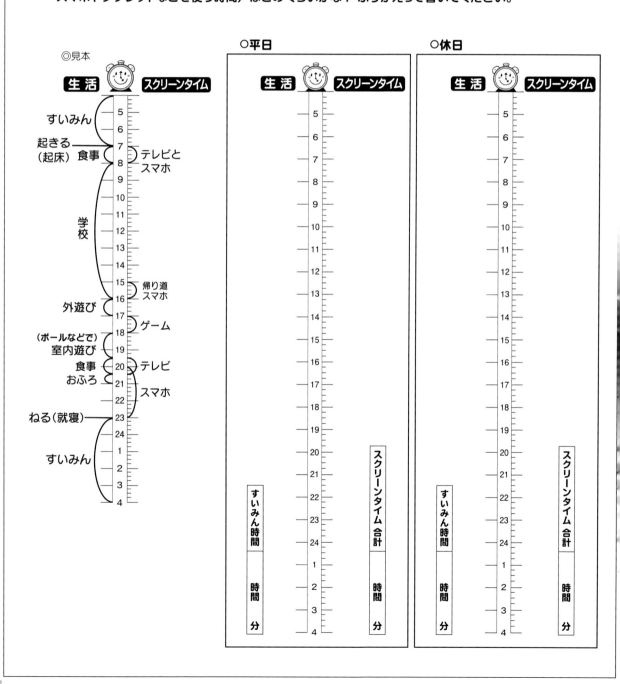

2) ネットゲームについて聞きます。あてはまるものには、すべて○をしてください。

　❶何を使ってネットゲームをしますか？

　[　スマホ　　　タブレット　　　ゲーム機　　　ネットゲームはしない　]

　❷ネットゲームで遊ぶ時間は1日どのくらいですか？　（＿＿＿＿＿＿時間程度）

　❸いっしょにゲームをする相手はだれですか？

　[　学校の友だち　学校外の友だち　ネット上だけの知り合い　毎回まったく知らないネットの中の人　]

　❹ゲームはどんな時間帯にしていますか？

　[　放課後から夕食まで　　　夕食後ねるまで　　　夜9時以降　　　夜10時以降　　　夜11時以降　]

　❺あなたの好きなゲームまたは、遊んでいるゲームは何ですか？

　（＿＿＿＿＿＿＿＿＿＿＿＿＿＿＿＿＿＿＿＿＿＿＿＿＿＿＿＿＿＿＿＿）

　❻使用時間制限機能はつけていますか？　[　つけている　　　つけていない　]

3) スマホについて聞きます。

　❶自分専用のスマホですか？　[　自分専用　　　家族のを借りている　]

　❷スマホで何をしていますか？

　[　ネットゲーム　　　動画を見る（YouTubeなど）　　　調べ物（検索）　　　写真をとる　　　音楽をきく

　　SNS（LINE、Twitter、Instagram、その他のSNS（＿＿＿＿＿＿＿＿＿＿＿））

　　勉強（予習・ふく習・宿だい）　　　電話　　　そのほか（＿＿＿＿＿＿＿＿＿＿）　]

　❸スマホの使用時間は1日どのくらいですか？　（＿＿＿＿＿＿時間程度）

　❹主にスマホを使用する時間帯は？　　[　朝起きてすぐ　　　学校に行くとき　　　放課後　　　その他　]

4) タブレットについて聞きます。

　❶自分専用のタブレットですか？　[　自分専用　　　家族のを借りている　　　学校から配られている　]

　❷タブレットで何をしていますか？

　[　ネットゲーム　　　動画を見る（YouTubeなど）　　　調べ物（検索）　　　写真をとる　　　音楽をきく

　　SNS（LINE、Twitter、Instagram、その他のSNS（＿＿＿＿＿＿＿＿＿＿＿））

　　勉強（予習・ふく習・宿だい）　　　電話　　　そのほか（＿＿＿＿＿＿＿＿＿＿）　]

　❸タブレットの使用時間は1日どのくらいですか？　（＿＿＿＿＿＿時間程度）

　❹主にタブレットを使用する時間帯は？　[　朝起きてすぐ　　　学校に行くとき　　　放課後　　　その他　]

5) ゲーム機、スマホ、タブレット、使っていないときは、どこに置いていますか？　学校に行くとき？　充電するとき？　ねるとき、それぞれ記入してください。

	ゲーム機	スマホ	タブレット
学校に行くとき			
充電するとき			
ねるとき			

CHAPTER

3 子どもたちに 起きているトラブル

1 頻発するネットトラブル

　現在、子どもたちが使っているスマホ、タブレット、ゲーム機に子ども用、大人用の区別はありません。欲望や感情をコントロールする自制心や社会的判断力が十分に育っていない子どもたちが大人と同じデバイスを使ってインターネットの闇の世界に無防備に参入すれば、さまざまなトラブルを引き起こしたり巻き込まれたりするのはごく自然なことです。

　自制心や社会的判断能力だけではありません。子どもには、法的責任能力も経済的責任能力もありませんので、ひとたびネットトラブルを引き起こしたり巻き込まれたりすると、学校や家族も対応に追われることになります。

　子どもたちは何の予備知識もなく、取り扱い方のノウハウの研修もなく、スマホやタブレット、ゲーム機を使い始めます。例えるならば、オートバイや自動車を免許もなく講習も受けないままに与えられている状態です。

　「家にいたくない」「寂しい」……、何気なくつぶやいたSNSの一言が命まで奪われる事件につながったり、スマホに夢中でホームから転落して命を落としたり、ネットゲームにはまって莫大な課金をしてしまったり……、子どもたちは多様なネットトラブルの被害者になっています。

　一方で、"面白半分で""軽い気持ちで"アップした情報や写真が、他人を傷つけたり社会的な騒ぎを引き起こしたりする加害者となることもあります。

　子どもたちが、ネット社会を生きていく中で、被害者にも加害者にもならないために、この教材を有効に利用してくださることを願っています。

2 さまざまなネットトラブルをどう伝えるか

子どもたちがネットトラブルについて学ぶ際に重要なことは、
①子どもたち自身の体験を引き出しながら、そこを学習の出発点にする
②新聞、テレビなどの報道や警察、IT企業の統計資料など、現実に起きているネット

トラブルの多様な実相に迫るデータ、素材を活用する

の2点でしょう。

その上で多様なネットトラブルを次のようにいくつかに類型化して、子どもたちと話し合ってみると理解が深まるかもしれません。

(A) ネットゲームの楽しさ、快感、達成感が忘れられなくなること、インターネットでの情報検索や新しい情報を得たときの充足感に浸ってブレーキが利かなくなり、常にスマホを手にしてしまう。その結果、生活リズムの崩壊、莫大な課金、交通事故などにつながることがある。

(B) インターネットの深い闇を知らずに身をさらす。ネットの世界には性的欲望やお金をもうける目的で獲物を狙う悪い人がウヨウヨしている。直接誘いに乗るのはもちろん個人情報をネットにさらすのも危険。

そして、一度ネットに上げた写真や情報は一瞬で世界中に広がり、二度と取り戻せない。

(C) "面白半分で""軽い気持ちで""おもちゃ感覚で"友達の情報や写真をアップしたり自分の写真をアップしたりすると、他人への人権侵害や、集団いじめにつながったり、自分自身や家族の個人情報が丸見えになって、思わぬ被害にあったりする。

３ 自分を守り他者を傷つけない護身術とリテラシーを

インターネットの世界にはさまざまな危険と思わぬ落とし穴が多く潜んでいます。そのネットの海を上手に安全に楽しむための護身術がネットリテラシーです。

"敵を知り己を知れば百戦危うからず"ということわざがあります。スマホやタブレット、パソコンでインターネットの世界に足を踏み入れる前に、インターネットの特性や危険な落とし穴についてしっかり学ぶことがまず大切です。ネットリテラシーの第一歩は、自分を守るための技、ネットのことをちゃんと知り、危険な落とし穴に転げ落ちない護身術を身につけることから始まります

そして、その上で他者の人権や感情にも配慮した、より高度なインターネットリテラシーを身につけていかなければなりません。

ゲームやスマホでこんな生活をしていませんか？

①

②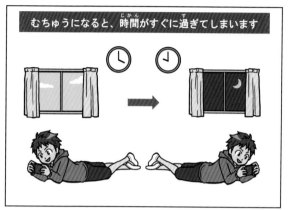

③

④

⑤

⑥

●ネットやゲームの使い方を客観的に捉えて、それがなぜ問題となるのかを考え、子ども自らで問題点を見つけてもらいます (例：朝起きられないなど)。

●気づきを板書で整理し「このようなことはないかな?」と投げかける参加型の指導が効果的です。

例：　朝起きられない→学校で元気に活動できなくなる→勉強ができなくなる
　　　深夜まで起きている→健康を害するなど

●最終的には、ゲームやスマホの使用で生活リズムが乱れると、「自分が困る」ということを知り、問題点について、どうしたら改善できるのかを考えます。気づきを振り返りながら、これからどうするべきかを確認します。ルールをつくるだけではなく、具体的な行動まで見つけ、具体的な数値で示すことが大切です。

例：　1日○分、開始時刻と終了時刻を決める　など

■ シナリオ

①みなさんは、ネットゲームをしたり、動画を見たりしていますか? ネットやゲームに夢中になりすぎて、こんな生活を送っている人はいませんか?

②ネットゲームや、好きな動画を見ていると、ついつい時間を忘れてしまいますよね。学校から帰って、ゲームをして、気づいたら数時間たっていたということはありませんか?

③例えば、"ご飯の時間なのにやめられない" "学校の宿題が後回しになった" "お手伝いができていない" など、ほかにもどんなことがありましたか?

④まだありますよね、生活リズムは大丈夫ですか?
"夜10時過ぎまでゲームをやっている" " 朝起きられない" "学校で眠い" "学校で居眠りをしてしまった!" などという経験はありませんか?

⑤まだまだあるよね、ゲームやスマホのことで、おうちの人ともめたことはないですか?
"おうちの人に怒られた" "やめる時間になってもやめないでやっていた" "ゲームを取り上げられた" ってことはありませんか?家の中の雰囲気も、家族との仲も、気分も悪くなりますね。

⑥ゲームやスマホの使い方、どうしたらいいのかな?
ゲームやスマホに時間を取られすぎる遊び方は、生活リズムなどが乱れて、困ること (よくないこと) が多いですね。自分の生活を振り返ってみましょう。

「課金」をしたことがありますか？

①

「課金」を
したことが
ありますか？

3-2

②

ネットゲームをしていると…

いいなぁ
ほしいなぁ

課金 とか コイン購入 の

文字が出てくることはありませんか？

③

むずかしい場面をクリアしたいときは？

プリペイドカードを
買う

クリアー!!

ガチャした

毎日ログインして
ポイントを
ためた

あきらめた…

④

課金とは何ですか？

ゲーム会社が、利用者に料金の支払いを求めることです

プリペイドカードで

クレジットカードで

電話代といっしょに
請求がくる

⑤

これはどんな場面かな？

課金したくてこんな事件も起きています

⑥

課金は保護者に必ず相談をします

家庭内でのトラブルになります

なに、この金額!!

自分でお金をかせぐようになるまではやめましょう

●ネットゲームのほとんどは、最初は無料ですが、ある画面からクリアできなくなるようにつくられています。でも、子どもはクリアしたことを学校で友達に話したり自慢したりしたくなります。次々にクリアしていくためには、必要なキャラクターや武器をネット上でガチャ（購入）する必要があります。つい課金を続けていると、金額が雪だるま式に膨れ上がります。

●実際にあった使用（請求）金額を具体的に提示し、そのような経験はないかと問いかけ、自分ごととして捉えさせることが大切です。実際にあった話として、「小学5年生が月に20万！」などの実例を出してみることもよいでしょう。

●課金をする場合は「おこづかいの範囲で」と言うより、まずは「保護者に相談」です。必ずおうちの人に相談すること。内緒で課金しないことを強調しましょう。

■ シナリオ

①ネットゲームで遊んだことはありますか？
無料ダウンロードして簡単に始められるネットゲームは、たくさんありますね。

②ゲームを進めるうちに…「このキャラが欲しい！」「かっこよくなりたい」「強くなりたい！」「アイテムを手に入れたい！」と思ったことはありますか？

③難しい場面をクリアしたいときは、どうしていますか？
「あきらめた」「毎日決まった時間にログインして、ポイントをためた」「何とかクリアしたいからガチャしてしまった」「プリペイドカードを買ってチャレンジした」

④「課金」って何ですか？　どんな方法があるのか知っていますか？　多額の請求が届いて、家の人から怒られたことはありますか？

⑤この場面はどんな場面でしょう？
「ちょっとだけなら…」「内緒で…」と、お母さんのお財布からお金を盗んでプリペイドカードを買っている子、お父さんのカードを勝手に借りてクレジット番号を入力して使っちゃった子です。もちろん、これはとんでもないことです。犯罪にもなります。

⑥約束！　ゲームに課金をしない。もし、どうしてもしたいときは、必ずおうちの人に相談をしてからにします。自分で働いてお金を稼ぐようになるまで、課金はしないことです。

無料のわなに注意しよう

小学校中学年　小学校高学年　中学生以上

①

無料のわなに注意しよう

3-3

②

本当に無料かな？

テレビのCMでも無料っていってたし…

ダウンロードできたし…

CM＝コマーシャル、広告

③

お金を使わせるしくみが……

課金

ガチャ

ポイント

クリアするにはアイテムが必要です

アイテムGET

④

実際に無料ではありません

課金で

広告料で

情報を売って

お金を得ています

無料ゲーム

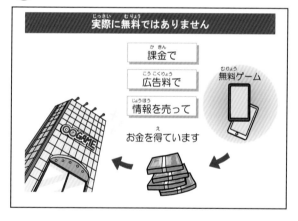

⑤

本当に無料ではありません……

個人情報ゲットだぜ!!

名前

住所

年齢…

⑥

考えてみよう「無料のうらにかくされているわな」

● ゲームを進め、課金させる
→もっと遊びたいという気持ちを利用して、お金を使わせる

● 広告を見せることで、その広告を出している会社からお金をもらっている
→見たくない広告を見せられることは、時間のムダです

● ダウンロードをするとき 情報を入力させる
→個人情報の流出、情報は企業などに売られたり、無断で公開されたりする可能性もあり危険です

●ネットの無料スタートは、子どもにとってはネット社会への入り口です。ゲームなどの無料アプリはたくさんあって簡単に試せますが、その先には危険や、損をすることもあることを伝えます。

●ネットゲームのガチャでは、ハズレがくじに戻されるため、10 回やれば1 回は必ず当たるというものではありません。10 回やって1 回も当たらないことが高い確率で起こります。

●インターネットや会員制交流サイト (SNS) 上での個人情報 (名前、写真、動画、電話番号、メールアドレスなど) は、いろいろなところに流れて悪用される可能性があることを理解させることが大切です。

■ シナリオ

①ネットゲームを始めるとき、お金を払った人はいますか？ ほとんどいませんよね？
TV の宣伝でも「無料！」ってやっているよね？

②無料ダウンロードのゲームを含めたアプリってたくさんあるけど、みんなはどんなのをやっていますか？ でも、本当に無料かな？ お金を払ったことはない？ どうでしょう？

③ゲームを進めて、クリアやレベルアップをさせるために、「課金」と出てきませんか？
そう、無料は最初だけで、実際ゲームを進めていると、お金を使わせるよね？

④ゲームやアプリをつくっている会社は、「無料」という言葉でユーザーを増やし、課金したくなるように仕組んでいます。そうしないと、ゲーム会社はもうからないから、つぶれてしまうよね。働く社員にもお給料を払えなくなってしまいます。

⑤ほかにも、無料だけどそのアプリをダウンロードするために、個人情報を入力したことはありませんか？ そのとき、年齢とか興味があるジャンルとかを入力する、アンケートがあるよね？ そのアンケートに答えたり、広告を見たりしただけで、アイテムがゲットできることがあるよね？

⑥そうなのです。ゲーム会社は、アンケートによって得た個人情報を、情報会社に売ってお金を得たり、たくさんの人に広告を見せたりすることで、広告・宣伝を出した会社からお金を得ているのです。ゲームだけではなく、ネット上のさまざまな「無料」という言葉には、気をつけてくださいね。

軽い気持ちでアップすると危険です

①

②

③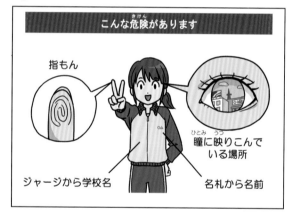

④

⑤

⑥

●ネットの世界には危険がたくさんあります。軽い気持ちで写真や文章などを投稿して、さまざまなトラブルに巻き込まれるケースも多くみられます。ネットの使用経験が未熟な児童生徒に、必ず伝えたい基本的なことは以下の5つです。

1. 一度ネット上に投稿したものは、永遠に消えない！
2. 自分の個人情報だけでなく、自分以外の人の情報もアップしない。
3. 友達の写真など、自分以外の人の個人情報を投稿するときは許可を得ること。
4. カメラの性能向上で、写真から住所や個人が特定されやすくなった。
　　例：背景から住所が特定、ピースサインから指紋がとられる可能性
　　　　瞳の映り込みによる場所の特定
5. ネットトラブルにあってしまった場合は、自分でなんとかしようとせず、「すぐ」に「大人に相談」すること！　ネット上のトラブルはネット上だけでは解決しない。

■ シナリオ

① SNS のアプリを使っている人はいますか？

例えば、Twitter、Instagram、LINE に写真や動画、メッセージを投稿したことがある人はいますか？

② SNS のプロフィールに「○○中学校○年ニックネーム」などを書いて公開したり、学校のジャージや制服を着て撮った写真や、動画を投稿した SNS をよく見ます。でも、これって大丈夫かな？

③最近のスマホについているカメラはとても性能が良く、大きくアップにすると、名前などはもちろん、瞳に映っているものから場所が特定でき、指紋までも盗むことができます。

④また、Twitter、Instagram や LINE 中のタイムラインなどの SNS ツールで、自分自身の『今』を発信することはありますか？

「私今、1 人で家にいるの」とコメントや写真をアップしたり「これから○○へ出かける～」などの情報を流すとどうなるでしょうか。

⑤タイムリーに、その SNS を見た悪い人がいたとしたら…。「あの家、留守だから入ってみよう」とか、「○○へ行くんだ。ついて行こうか」など、軽い気持ちでアップしたことから事件、犯罪、トラブルにつながることもあります。

⑥一度ネット上に挙げたものはすぐに拡散されたり、いつまでも残ったり、いつ、どこで、誰が見ているのかわかりません。インスタ映えを狙って、"いいね！"が欲しいという理由だけで情報、写真、動画など、何でも気軽にアップしないようにしましょう。

知らない人とのやりとりに注意！

①

知らない人との
やりとりに
注意！

3-5

②

ネット上にはいろいろな出会いがあります

好きな
スポーツチーム

出会い系アプリ

同じ推し
コメント欄

グループチャット

トークルーム　オープンチャット

③

相手の人に興味を持っても…

どうしようかな…

きみに会ってみたいな

いいよ。僕も会いたいよ

④

ネットには危険な出会いもあります

キヒヒ

本当は。。。

会ったら、なんでも聞くよ！
いろいろなことを話そうよ。

⑤

名前、年齢、性別など…ちがうことを言ってる可能性も

聞いている情報は、うそかもしれません

本当は。。。

ぼくは16歳！
東京の高校に通っているよ！

46歳
ニート

⑥

さそわれても、絶対に会いません

やっと会えたね

いいよ！

キヒヒ

会ってくれる？

●ネットゲームの音声会話機能を使って、実際に小学生が連れ去られた事件が
起きています。ネットゲームで知り合った仲間はもちろん、SNS アプリ（Twitter、
Instagram、LINE トークルームなど）で知らない人とつながることの怖さについて考
え、絶対に会わない、個人情報を教えない、入力しないことを確認します。

■ シナリオ

①みなさんは、ネット上で知り合った友達、会ったことはないけど、日頃から連絡をとって
いる人はいますか？

②ネット上には、知らない人に出会うサイト、アプリなどがたくさんあります。遠く離れて
住んでいる人、同じアイドルやスポーツ選手、ゲーム好きな人などとつながり、たくさんの
知り合い（友達）ができてとても便利です。でも、ネットでつながる仲間が増えて、メッセー
ジや画像などをやりとりするってどうでしょう？

③気が合って、何度かやりとりをしているうちに、とっても仲良くなって、会ってみたくなる
ことがあるかもしれません。でも、ネット上で知り合った人は、年齢、性別、住んでいると
ころなど、本当のことを言ってくれているかどうか、わからないこともあります。

④「ぼくたち気が合うね、今度、遊びに行こうよ？ いろいろな、相談にものるから。○○駅
まで来られる？」こんなふうに言われたら、あなたはどうしますか？

⑤もし、やりとりをしているとしたら、そのときに、相手のプロフィールは本当かな？もし、
そういう場面になったらと、一度考えてみてください。本当のことを言っていない人もたくさ
んいます。自称「16 歳男子高生」や「16 歳女子高生」が本当は「40 代男性」などという
ことが、普通にあるのが、ネット社会なのです。

⑥ネットで知り合った人に誘われて、会ってみたら、知らないところに連れていかれて、嫌な
ことをされたということも、実際には起きています。監禁され、命を奪われた事件も起きて
います。ネットで知り合った人とは絶対に会ってはいけません。もちろん、ネット上で知り合っ
た人に名前や年齢、家の場所などの個人情報も絶対に教えてはいけません。怖い思いをし
ないためにも、自分の行動、ネットの使い方に注意しましょう。

覚えのない請求画面にだまされないために

小学校低学年 小学校中学年 小学校高学年 中学生以上

①

覚えのない請求画面にだまされないために
3-6

やばい

登録完了
50,000円

②

面白そうなサイトでも…

マル㊙情報こちら

好きなタレントや

スポーツ選手

検索…

③

お金の請求の画面が！

注意!!

え〜!!

3日以内にお振込み下さい
50,000円

④

絶対に払ってはいけません

50,000円…

詐欺です

⑤

詐欺サイトの画面です

登録完了
50,000円

架空請求
詐欺サイト…

⑥

あやしい画面がでたら…

どうしたの？

こんな画面が出たんだ…

大きな問題になる前にすぐに大人に相談を

　興味半分や、間違えて見てしまったサイトが、突然利用料金の請求画面につながったり、突然届いたメールなどに身に覚えのない請求が記載されていたりすることがあります。トラブルに巻き込まれないために、よくある例を示し対応を指導します。

●メールはどうして届くのか
悪意のある人が、でたらめの番号を使った携帯電話のショートメールや、ネットなどで収集したアドレスを利用して、不特定多数の人に送信しているからです。

●どのような内容か
「アダルトサイトの利用料が未払いです！ 支払わなければ家族に連絡をします」「訴えます」などの表現で慌てさせて、料金を支払わせようとするのです。

●絶対にそのメールに返信、名前などを入力してはいけません。電話も含めて、絶対に連絡をしてはいけません。無視するのが一番の対処法です。

■ シナリオ

①ネットで何かを調べていたときに、お金を請求される画面が出てきたことはありますか？

②大好きなタレントやスポーツ選手についてネットで検索していたら、「あのアイドルのマル秘情報はこちら！」というサイトが出てきました。「見たい！見たい！」とクリックしたのです。（興味本位のアダルトサイトでも）

③でも、お目当ての芸能人の情報はまったく書かれていなくて、「このページを見たので50,000円支払ってください。あなたのIPアドレスは○○○…です。支払いの無い場合は法的処置に…」などと表示されていたのです。大きな警告音が出るサイトもあります。

④びっくりしたAくん、個人情報が漏れているのかも、訴えられたらどうしよう。と焦ってしまい、「50,000円ぐらいならお年玉とおこづかいで何とかなるから…」と支払ってしまいました。

⑤でもそのサイト、実は詐欺で、支払う必要はまったくなかったのです。このような悪質なサイトは増えています。

⑥怪しいサイトを開いてしまって、お金を請求される画面が出てもお金をむやみに払ってはいけません。請求画面は、メールやLINEに届くこともあります。すぐに大人に相談しましょう。

交換した写真がネットにひろがった！

①

こうかん
交換した写真が
ネットに
ひろがった！

3-7

②

こんなことを言われたらどうしますか？

女の子に
なりすまして
いることも…

下着姿
見たいな♡

ひみつの
写真の
交換を
しよう

いいよ
送るね

③

ネット上にアップされて…

どうして
こんなことに…

えーっ!!
なんで私の写真!?

④

ネット上でひろがって（拡散）…

ネットに

コピペで

拡散されて…

⑤

いろいろな人から意見が…

みんなが
見たかも…

⑥

プライベートな写真は撮らない、撮らせない、送らない

自撮り写真も
アップしません

他人に写真を
撮らせるのも

自分のプライベートは大切に守ります

● 「この人にだけなら」と送った画像でも、相手にスクショ（スクリーンショット）
や転送されることなどがあります。インターネットを通じて、その画像は世界中に
広がります。

● どんな理由があっても、プライベートゾーンや、裸の写真を撮ること・撮らせること・送
ることは絶対にダメ！です。18歳未満の人の性的な写真を撮ったり投稿したりすること
は犯罪です（地方公共団体による青少年保護育成条例）。自分のものであってもダメな
ことを強調して指導します。

■ シナリオ

①自分の写真を送ったり、ネット上にアップしたりしている人はいますか？

②ネット上だけでやりとりをしている相手に、もし、こんなことを言われたらどうしますか？

　「キミの写真を見せてよ、お互いに送り合おう！」

　「めっちゃ可愛いね！タイプだな～」

それをきっかけに、毎日仲良くやりとりをしています。

　しばらくたったある日、

　「ぼくのこと好きなら2人だけの秘密の写真の交換をしようよ」

　「○○ちゃんの下着姿の写真が見たいな。ぼくも送るから送って！」

しかし、相手は若い男の人になりすましている人でした。なりすましは、女の子を名乗って
いる場合もあります。

③そして、その相手は交換した写真をネット上にアップしたのです。

④女の子は、信頼して送ったはずなのに、その写真はネット上で広がって（拡散されて）し
まいました。

⑤そして、女の子は、知っている人からも、知らない人からも写真を見たことを言われ、信
じられない、バカなの？　など、いろいろなことを言われ、心を病んでしまい、引きこもりに
なってしまいました。

⑥一度アップされた写真は絶対に回収することができません。

プライベートな写真は撮るのも、撮らせるのも、それをネットサイトにアップするのも、誰か
に送るのも絶対にやめましょう。

プライベートな画像と情報はネットにあげないで！

小学校低学年　小学校中学年　小学校高学年　中学生以上

①

プライベートな画像と情報は
ネットに
あげないで！

3-8

②

これは、どんな場面でしょうか？

笑顔記念！！

大切なプライベートを写したもの

③

許可なくネットにアップしたり、送ったりしていませんか？

さっき撮った笑顔アップしちゃお

送信！！

アップしないでよ！！

④

リベンジポルノを知っていますか？

送信…と

ネットに載せようもう別れたし

13 sun

⑤

特に注意したい、プライベート写真

キスしているところ
など

裸

下着姿

⑥

個人的な写真や動画は人に見せない

ネットでひろがってこまる写真は
撮らない撮らせない、送らない！

●カメラ機能で、何でも気軽に写真や動画にできて、公開できる時代です。しかし、付き合っていた人の裸や性的な画像を勝手に公開することは、リベンジポルノ防止法違反となります。リベンジポルノについて、実際の事件まで発展した具体例を挙げたり、自分の裸や性的行動を写真や動画に撮ることが、どんなに危険な行為かを理解させることが大切です。キス、ハグ、裸などの画像をネットにアップされると二度と回収できないことを理解させ、ポルノ条例についても併せてきちんと指導する必要があります。

■ シナリオ

①気の合う仲間や、好きな人との楽しい思い出を写真や動画にして残すことはよくあります。思い出として撮った写真や動画のデータを、大切にしていますか？

②これは、どのような場面でしょうか？
　<u>男の子と女の子のラブラブショット！</u>
では、これは？
　<u>仲の良い友達との変顔写真！</u>
恋人や友達とプライベートな写真、その人との間だけの秘密の写真を撮っているところです。

③スマホやタブレット、ゲーム機などで撮った写真や動画は、簡単に送ったりネットにアップしたりして公開することができます。でも、これらはすべて個人情報です。

④特に、恋人同士で撮った裸や下着姿、キスやハグ、性行為などの写真や動画を撮ることには注意が必要です。２人の仲は永遠に続くでしょうか？　続くこともあるかもしれませんが、けんかをして別れてしまうこともありますし、またその先に違う人との出会いもあるかもしれません。そして別れたり、けんかをしたりしたはらいせに、裸の写真をネットにアップされて問題になっているケースも多いのです。

⑤１８歳未満の人の裸や下着姿などの性的な写真や動画を公開することは、たとえ、自分の写真であっても犯罪です。絶対にやってはいけません。が、その前に、プライベート写真や動画は、自分のでも、他人のでも、撮るのも、撮られるのも、リスクが大きいのです。

⑥ネットなどで自由にやりとりができる写真や動画データ。撮るとき、撮られるときも含めて、取り扱いには十分注意が必要です。また、拡散されて困るような写真は撮らない、撮らせない、送らないことです。

これっていじめ？！

小学校 低学年 小学校 中学年 小学校 高学年 中学生 以上

①

これって
いじめ？！

3-9

②

どんな気持ちかな？

ネットだと相手のことを
気にしないで書ける！

スッキリする

話を盛っちゃうぞ

だれだかわからないから
なんでも書ける

③

書きこまれた子は、どんな気持ちかな？

悲しいよ…

そんな風に…

ひどいよ…

どうしよう…

④

ネット上のいじめ

ムカつく　　　シネ

消えろ　　　くたばれ

キモい　　　ブス

いなくなれ

⑤

いじめを受けた子は…

ネット悪口

誹謗中傷

うそばかり…

世の中の
みんなが…

そう思ってる
のかな

⑥

気になることは大人に相談を

大人に相談すると…

＊書きこみを削除する方法が
みつかります

＊発信者の特定ができます

＊一人で悩まないですみます

ネット上のいやがらせは、罰せられることもあります

●SNS（会員制交流サイト）などへの名前を出さない書き込み（匿名での言葉の
暴力）によって、傷つき、自ら命を絶った事例も多くあります。書き込む側と書き込
まれた側の両方の立場で考えさせる必要があります。そして、SNSでの悪口や誹謗中傷
（根拠がないのに人を悪く言い・傷つけること）は、二度と消すことのできない「いじめ」
であることを理解させることが大切です。

●いじめには、学校内で組織として対応します。学級担任が1人で問題を抱え込まない
で、生徒指導主任、養護教諭、教頭（副校長）などでケース会議をもつなど、チームをつ
くって解決します。

■ シナリオ

①これっていじめ？

②この場面を見てください。友達の悪口を書き込んでいる子。この子はどんな気持ちかな？
考えてみましょう。

　例：悪口を書くと気持ちがスッキリする、顔が見えないからいろんなことが書き込める

③次に、これは、悪口を書き込まれた子が、その画面を見てしまったところです。どんな気
持ちだと思いますか？

　例：自分1人がみんなから攻撃されている気分になる、ショック、悲しい
　　　　いじめだ！って思ってしまう、悩む

④そうです、このやりとり、ネット上のいじめです。
書き込んでいる側は、面白半分に書き込み、それがさらにエスカレートしていきます。直接
会ったときには言わないような乱暴な言葉も、ネット上であれば言えたり、しつこく何度も
送ったりできます。

⑤いじめを受けた子は、そのあと元気がありません。
いつまでもネットに残って消えない悪口や、誹謗中傷に悩まされて、みんなが自分をいじめ
る……と心の中のモヤモヤが続きます。ネットいじめの被害者側の受け止め方について、被
害者になったつもりで考えましょう。

⑥いじめを受けた、いやな思いをした！と思ったら、そのネットサイトはもう見ないことです。
そして、おうちの人や先生、大人の人にすぐに相談してください。また、友達がいじめを受
けているかも？と、感じたときにもおうちの人や先生に伝えるようにしましょう。

SNS いじめとはどんなもの？！

①

②

③

④

⑤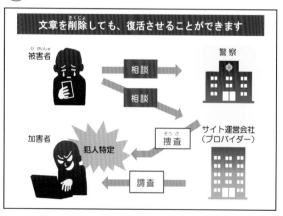

⑥

●ネット上の書き込みは、たった一言の発信にも注意が必要だという、3つのポイントを理解させます。

　　1、他人の悪口はネットに書かない

　　2、ネット上でも、仲間外しなどのいじめは絶対にダメ

　　3、「ここだけの話」「秘密の話」「グループ内だけの話」と約束をした内容でも、
　　コピペやスクリーンショット（スクショ）で拡散される可能性がある

■ シナリオ

①みなさんは、"SNSいじめ"って知っていますか？　「匿名でコメントしているからバレない」ということはありません。

②仲のいい仲間たちとSNSで交流することは楽しいですよね。

でも、「○○ってムカつく〜」と、書いてあったら、あなたはどうしますか？「そうだね」って書いちゃう？　それとも「やめなよ」って書き込むのはなかなか難しいかな？

③最初は仲良しだったこのグループで、ある1人の子が、B子の悪口を書き込みました。それをきっかけに、みんなも同じように言い出して、グループからB子を追い出してしまいました。

④あなたがB子さんだったらどうしますか？　B子は、悲しんで学校に行けなくなってしまいました。そのことは、学校中に知れ渡り、グループの人たちはクラスメイトからは「ひどい人たち」という目で見られています。

⑤誹謗中傷のようなコメントを投稿した人は、そのことが問題になると慌てて削除しますが、それらはすでにどこかでコピペ（コピーアンドペースト）されていたり、サーバーに残っていたりします。手元の画面で消しても警察などでは探すことができます。必ず見つかる（バレる）のです。ネット上の悪口で自殺に追い込まれた事件がわが国でもありました。その犯人は処罰された例もあります。

⑥ネット上であってもいじめは絶対にダメです。

　●ネット上で悪口を書く

　●ネット上での仲間外し

　●事実と違うこと、見た目やからだの特徴などをからかう言葉、写真を投稿する

　● SNSでの攻撃（グループ、個人それぞれで）

　●本人がいやがることや画像、動画を投稿、拡散、リツイートする

ネット上での人権侵害に気をつけよう

①

②

ネットサイトのコメント欄やSNSで…

書きこみをする側は…

ふざけて書きこんだつもりでも…

③

軽い気持ちで投稿していませんか？

かわいくない　きらい

ブスだよね

好きじゃない　キモイよね

顔もみたくない　シネ

④

どんなことが人権侵害になるの？

● 悪口や人の嫌がること
　（ウソのはなし、大げさにした話なども）

● 本人の許可なしに写真などをアップ

● プライバシーに関わる個人情報

● その人をおとしめるような書きこみ、
　写真、動画の投稿

● 悪意のあるうわさ話

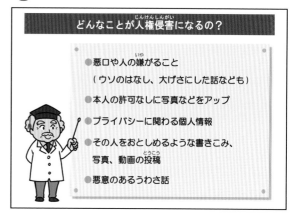

⑤

軽い気持ちで投稿したとしても…

被害を受けた人はとても深く傷ついてしまいます

⑥

使い方によっては人を傷つけてしまいます

その書きこみ

大丈夫かな？

●「ネット上では匿名だから（名前を出さないから）」何を言ってもよいのではありません。自分の発言には責任が伴います。特に誰かを傷つける投稿は絶対にやめましょう。

●ネットには、いろいろな疑わしい記事が出ているので、簡単にリツイートしてはいけません。自分が発信するときにもウソは絶対にダメです。誰かによって、どこかで必ずバレて、問題になることを理解させます。

■ シナリオ

①インターネット上での人権侵害って知っていますか？

②ネット上での誹謗中傷や悪口とは、ネット上で他人が嫌がることやおとしめる個人情報を流したり、無責任なうわさを広めたりすることです。いろんな人たちの投稿を読むことができるネットのサイトにあるコメント欄やSNSは、誰もが無責任にコメントを送ることができます。

③自分が嫌だなぁと思った人やこと、発言に対して、悪意のあるコメントを入れたり、相手が嫌がることを面白がって広めたり（リツイート）する人がいます。「匿名だからバレない」「みんなもやっているし」という軽い気持ちから投稿する人も多いようです。エスカレートすると悪口だけでなくうその情報を投稿する人や、加工した写真や動画をアップする人も出てきます。

④どんなことが人権侵害になるの？

　悪口となることや人の嫌がることを投稿する、広げる
　本人の許可なしに写真、加工した写真などをアップする
　プライバシーに関わる個人情報を公開する
　その人をおとしめるような書き込み、写真、動画を投稿する
　悪意のあるうわさ話を広げる

⑤いたずら心で、軽い気持ちで投稿したことでも、もしあなたがそのようなことをされたらどう思いますか？　どうしますか？　人によっては悩み、苦しんで、勉強も遊びもできず、最悪の場合生きていくのが嫌になることもあるかもしれません。実際に自ら命を絶った人もいます。

⑥ネットは使い方によっては簡単に人を傷つける道具になります。向き合って言えない言葉は、ネット上でも言わないことです。くれぐれも他者を傷つけ、人権を侵害しないようにしましょう。

| ネットライフ スキルチェック | ネットトラブル① |

年　　　組　　　名前

あてはまるものに○をつけ、（　）には考えを書きましょう。

1) スマホやゲーム機、タブレットを使うとき、時間を決めて使っていますか？

[　決めている　　　ときどき決めている　　　まったく決めていない　]

2) ゲームをしている人に聞きます。課金をしたくなったことがありますか？

[　ある　　　ない　]

（　どのくらいお金を使いましたか？　　　　　　　円 くらい　）

3) 課金をしたくなったらどうしますか？

[　がまんする（課金はやらない）　　　家の人に相談する

　　プリペイドカードをおこづかいで買う　　親にお金をもらう（クレジットカードを使う）　]

4) インターネット上で知り合って、いつもいっしょにゲームをする仲間（フレンド）はいますか？

[　いる　　　いない　]

5) ネット上でいじめや、いやがらせを受けたことがありますか？

[　ある　　　ない　　　わからない　]

6) 仲の良い友だちが SNS でいじめにあっているのを見つけたとき、あなたは、どうしますか？

[　何もしない　　　やられている人をなぐさめる　　　やっている人に注意をする

　　先生に言う　　　その他（　　　　　　　　　　　　　　　　　　　　　　　）　]

ネットライフ スキルチェック

ネットトラブル②

年　　　組　　名前

あてはまるものに○をつけ、（　）には考えを書きましょう。

1) インターネット上で知り合って、1日に何度も連絡をとる人はいますか？
   また、その人に会おうよ！ と言われたらどうしますか？

   [　インターネット上で知り合って、よく連絡をとる人がいる

   　インターネット上の知り合いはいない　]

   [　会う　　　会ってみたいと思う　　　会わない　　　わからない　]

2) SNS でこまったことやトラブルがあったら、相談する人はいますか？

   [　いる（家族・先生・友だち　その他（　　　　　　　　）　　　いない　　　わからない　]

3) SNS（LINE、Twitter、Instagram）を使っていますか？

   [　使っている　　　使っていない　　　使ったことはあるが、今は使っていない　]

   （どれですか？　　LINE　　　Twitter　　　Instagram　　　その他（　　　　　）　）

4) ネット上に、自分や友だち、家族の写真をアップしたことはありますか？

   [　ある　　　ない　]

   （それは、どんな写真ですか？　　　　　　　　　　　　　　　　　　　　　）

5) ネットで知り合った人から、「キミの写真を送ってほしい」と言われました。
   あなたは、どうしますか？

   （　　　　　　　　　　　　　　　　　　　　　　　　　　　　　　　　　）

6) 写真を送った相手から、会わないと、あなたの写真を拡散すると言われたらどうしますか？
   することすべてに○をつけます。

   [　会う　　　会わない　　　大人の人に相談する

   　写真を返してもらうようお願いする　　　警察に行く　　　無視する　]

からだと心への
問題と依存症

■ スマホやゲームで子どもは育たない

　近年、日本の子どもたちのスマホやゲームなどの電子映像メディア接触（スクリーンタイム）の早期化、長時間化が進行しています。乳幼児向けスマホアプリ、魅力的なゲームソフトがそうした流れをつくってきました。コロナ休校、コロナ自粛、そして2020年からのGIGAスクール構想は、そうした流れをさらに加速させています。

　スマホ漬け、ゲーム漬けの生活が、少子高齢化が進む社会で生きていかなければならない子どもたちの育ちにどんな影を落とすのか、いくつかの側面を指摘しておきましょう。

1 子どもたちの目が危ない！

　日本の子どもたちの視力は今、小中高ともに史上最悪となっています。

　子どもの目は小学校入学までに大人並みに育つと言われています。1日最低2時間は太陽光を浴びることが視力の発達にとって極めて重要だと言われています。子どもたちは、幼少期の外遊びの中で眼球を上下左右に動かす筋肉や水晶体の厚みを調節する筋肉を発達させながら、目の機能を育てていたのです。しかし、ゲーム機やスマホ、タブレットのように、至近距離で小さな平面画面を見続ける生活では、そうした目の発達はまったく期待できません。そればかりか、狭く小さな画面を近距離で長時間見続けると、両眼視に異常が生じて急性内斜視や立体視能力の低下につながるのです。

　さらに子どもの近視の中には、眼球が変形して将来の失明につながる可能性があることを指摘する研究や、ゲーム機やスマホに使われているLEDからのブルーライトの危険性を示唆する論文もあります。高齢化社会に向かって子どもたちの目をどう守るのか、大きな課題です。

2 からだが育たない！

　"歩かなければ『足』は育たない"

　"使わなければ『筋肉』は衰える"

　高齢化社会を生きていく上で極めて大切なのが『足』や『体幹の筋肉』などですが、そうした機能が本来育つべき子ども期にゲームやスマホ、タブレットの時間が肥大すると、『足』や『筋肉』の発達のレベルが低いままで大人になってしまい、さまざまな障害につながったりロコモティブシ

ンドロームを引き起こしたりすることになります。

　今から50年ほど前、小学5年生は1日25,000歩、5歳児は1日15,000歩ほど歩いていたという記録があります。皆さんのまわりの子どもたちはどうでしょうか。

3 五感はどうなる？　嗅覚・触覚・味覚・聴覚

　生きるための情報の8割を取り入れるといわれる目＝視覚については前述したとおりです。スマホやゲーム機、タブレットは、育てるどころか発達を妨害してしまいます。残りの嗅覚・触覚・味覚をゲームやスマホの時間がまったく育てないのは、言うまでもありません。それどころか、そうした感覚を育てる時間がゲームやスマホに奪われていることが問題なのです。

　イヤホンでネットゲームや音楽を楽しんでいる若者に難聴などの聴覚異常が出始めていることを指摘しておきましょう

　木の葉の擦れる音や小川のせせらぎに耳を傾けたり、ガス漏れや腐った臭いをかぎ分けたり、聴覚や嗅覚などの五感は人間の豊かで安全な暮らしに欠かせないものなのですが……。

4 スマホが学力を破壊する

　1章でも述べましたが、川島教授は長年70,000人を超える小中学生の脳活動とスマホやゲームとの関係を調査研究し、「スマホやゲームの時間が1日1時間を超えると脳の活動に影響が出て学力が下がり始め、使用時間が増えるほど、学力低下のレベルも大きくなる」ことを明らかにしています。

5 コミュニケーション能力が育たない！

　子どもたちは乳幼児期に、親など身近な大人からの語りかけで言葉を獲得していきます。しかし親が、ゲームやスマホに夢中で話しかけが少ないと、子どもの言葉の力は低レベルになります。学習指導要領では、小学校入学前の段階で、すでに語彙量の個人差が大きいことを指摘しています。日々、読み聞かせをしている親とそうでない場合では、子どもの語彙量にちがいが出ます。さらに小学生から中学生にかけての時期は、言葉だけではなく顔の表情や声色のトーンで、身振り手振りも使う、他者とのコミュニケーションをより複雑で高度なものにするスキルを身につけていく必要があります。

　しかしゲームやスマホに多くの時間を使えば、そうした豊かで高度なコミュニケーション能力の獲得は絶望的となります。そうした能力は、対面の直接的なコミュニケーションによってのみ培われるのです。

6 生活リズムの乱れ、睡眠不足

　スマホやゲームの時間が増えて、夜遅くまで熱中するとまず犠牲になるのが睡眠時間です。深夜までのスクリーンタイムは結果として睡眠時間を大幅に削ることになり、睡眠の質の低下をもたらすことも加わって "心地よい目覚め" が奪われ、朝からあくび、登校しぶりなどにつながります。また夜遅くまでのスクリーンタイムは、脳内ホルモンの分泌異常を引き起こして、心身の発達の歪みや記憶作用にも悪影響があることがわかっています。

　生活リズムの乱れは、体内時計を狂わせ不登校につながってしまうことも少なくありません。

7 ネット依存とゲーム障害

　子どものときから長期間、そして1日の中でも長時間スマホを触り続けたり、ゲームをやり続けたりしていると、スマホやゲーム機を手放せなくなる "中毒状態" が起こります。「食事中も勉強中もトイレやお風呂場でも、そしてベッドの中でもスマホが手許にないと安心できない」となったら、もう立派なスマホ依存という中毒状態です。家の手伝いや宿題などよりもゲームを優先し、食事や睡眠を削ってでもゲームを続けるという状態も立派なゲーム中毒です。一度こうした中毒状態に陥ると、自分の力だけではなかなか脱出できなくなって、学校にも行けない、仕事も出来ないというみじめな人生が待っています。

　WHO(世界保健機関)は、2019年こうした中毒のうち、ゲーム中毒を「ゲーム障害」という名称の精神疾患と認定しました。ゲーム中毒(障害)の治療に当たっている、独立行政法人久里浜医療センターの樋口 進センター長は、「ゲーム中毒(障害)の治療は極めて難しい。予防こそが大事」と語っています。

■ 文部科学省も健康問題に言及

　文部科学省もGIGAスクール開始にあたって、児童生徒のスクリーンタイムの増加などを見越して次のような健康に関する配慮事項を通知しています。

■ICTの活用に当たっての児童生徒の目の健康などに関する配慮事項

ご家庭と共有するルールの例

● 端末を使用する際に良い姿勢を保ち、机と椅子の高さを正しく合わせて、目と端末の画面との距離を 30cm 以上離すようにすること(目と画面の距離は長ければ長い方がよい)。

● 長時間にわたって継続して画面を見ないよう、30 分に1回は、20 秒以上、画面から目を離して、遠くを見るなどして目を休めることとし、端末を見続ける一度の学習活動が長くならないようにすること。

● 画面の反射や画面への映り込みを防止するために、画面の角度や明るさを調整すること。

● 部屋の明るさに合わせて、端末の画面の明るさを調整すること(一般には、夜に自宅で使用する際には、昼間に学校の教室で使用する際よりも、明るさ(輝度)を下げる)。

● 睡眠前に強い光を浴びると、入眠作用があるホルモン「メラトニン」の分泌が阻害され寝つきが悪くなることから、就寝1時間前からはICT機器の利用を控えるようにすること。このため、教師が家庭学習を課す際にも、平日夜に長時間のICT機器利用につながることとならないよう、家庭学習の課し方に工夫・配慮すること。

意識の醸成、リテラシーの習得

● 健康に関する意識を醸成するため、「健康面に留意する」という視点を、まずは教師が理解し、授業等における指導によって児童生徒に伝えるとともに、保護者にも適切に説明をする。

● 児童生徒が自らの健康について自覚を持ち、時間を決めてできるだけ遠くを見て目を休めたり、目が乾かないよう意識的に時々まばたきをしたりするなど、リテラシーとして習得するようにすること。

状況把握、最新の情報への注視等

● 心身への影響が生じないよう、日常観察や学校健診等を通して、学校医とも連携の上、児童生徒の状況を確認するよう努めること。必要に応じて、睡眠時間の変化、眼精疲労、ドライアイや視力低下の有無やその程度など心身の状況について、児童生徒にアンケート調査を行うことも検討すること。その際、家庭でのICT機器使用状況についても併せて調査を行い、過度の使用がないか児童生徒自身が確認することも考えられること。

● 詳細について科学的に解明されていない事項(視力低下のメカニズムや、屋外活動との関係、夜間のブルーライトの影響など)もあり、文部科学省においても最新の科学的知見が得られれば随時情報提供したいと考えていることから、学校やその設置者においてはこうした情報にも注視を続けること。

(文部科学省 『GIGAスクール構想の下で整備された1人1台端末の積極的な利活用等について』令和3年3月12日発表より抜粋)

わたしたちの目があぶない！

①

②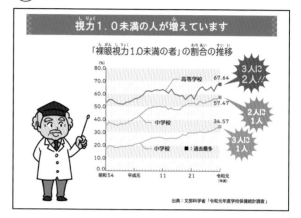

③

④

⑤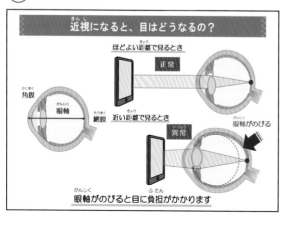

⑥

●この2～3年で自分やクラスの友達で視力が低下した子がいるか、自分の学校のデータはどうなっているかなど、身近な話をします。

● 「目は育つ」ものだということ、人間は生きていくための情報の8割を目から取り入れていること、一度落ちた視力は元に戻らないということを伝え、一生使う目の大切さを理解させます。

●目の健康のために、今、何が必要かを考えさせましょう。

■ シナリオ

①ぼくたち、わたしたちの目が危ない！　目の健康は大丈夫かな？

②このグラフを見てください。これは、全国の小中高校生の裸眼視力1.0未満の者の割合の推移です。令和元年では、過去最多になっています。（自分の学校はどうかな？）1.0未満では、そのほとんどが近視といって遠くのものがはっきり見えない状態です。どうして増えているのでしょう？

③人間の目の育ち方

生まれたばかりの赤ちゃんの視力は、明るい暗いぐらいしかわかりません。その後、成長しながら、近くのもの、遠くのもの、動くものを見たりして眼球を上下左右に動かす筋肉や、ピントをあわせる水晶体を調節する筋肉を育てます。小学校に入学する頃までにはだいたい1.0の視力になるといわれています。目の成長はとても大事なのです。

④スマホやタブレットなどで近くのものばかりを長時間見ていると、常に寄り目に近い状態になっています。それが習慣になると、内斜視（寄り目）になって、両目で見ているようでも実際は片目だけで見ていて、両目で見たときの遠近感や立体感がわかりにくくなります。そして、同時に近視も進みます。

⑤これは、目の断面図です。角膜（黒目）から、網膜までの長さを眼軸といいます。近視（近くは見えるが、遠くが見えない）になっても、めがねやコンタクトレンズを使えば、見ることができます。しかし、近いところの作業（近業）を続けていると、近視はさらに進みます。それは、眼軸という部分が、通常よりも伸びて、変形していくからです。これは目に大きな負担となり、将来的に失明のリスクが高くなることがわかってきました（強度近視）。

⑥みなさんは、あと、何十年も目を使いますね。自分の目を守るためのポイントは次のようなことです。

　30分に一回は休憩をして、6メートル以上遠くを見る

　目には屋外の光が良いとされているので、外遊びなどで1日2時間、外の光を浴びる

　スマホやタブレットなど（をするとき）は、画面から目を30cm以上離して使う

動かないと、からだは育たない！

①

②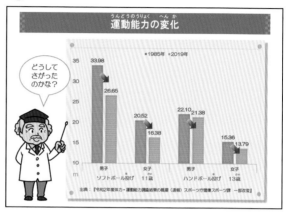

③

④

⑤

⑥

●人間の「筋肉」や「足」は自然に育つものではありません。使わなければ発達しません。子どもたちが遊びでも家の手伝いでも「全力をふりしぼる」経験が最近あったかを聞いてみましょう。

●約40年くらい前の小学5年生は、1日平均2万5000歩ほど歩いていました。しかし、現在、全国どこで調べても1日1万歩以上歩く子どもはごくわずかです。なぜこんなに減ったのか考えてみましょう。

●現代の子どもたちが将来迎える「超高齢化社会 "足腰たたない" 老人ばかりになったらどうするの?」というところまでつなげましょう。

■ シナリオ

①からだを動かして、からだを使わなければからだは育ちません。みなさんはどうかな? 筋肉の発達、運動不足は大丈夫ですか?

②運動能力の変化。スポーツ庁は、毎年全国の子どもたちの体力の現状を調べています。このグラフを見てください。1985年のソフトボールとハンドボール投げの結果です。現在を比べてみると、どうして下がっているのでしょうか?

③みなさんは、運動をしていますか? さきほど（②）の理由ですが、昔に比べて、今の子どもたちは、外遊びが減ってしまったために運動能力が低くなったと言われています。

④ヒトの進化、発達を考えてみると…。ヒトが大人になるまでには、生まれた赤ちゃんが、寝返りを打ち、起き上がれるようになって、ハイハイから立ち上がり、歩き、からだを動かしながら骨や筋肉を発育、発達させていきます。

⑤筋肉の発達は、運動神経の発達にともないます。からだがどんどん大きく成長するときに、元気に遊んだり運動をしたり、からだを動かすことで、手足や、体幹の筋肉、骨などが育ちます。歩くこと、お手伝いでからだを動かすこと、スポーツ、外遊びをしていますか?

⑥外遊びをしないで、スマホやゲームばかりの生活をしていないかな?
室内でのゲームやスマホ、タブレットばかりだと、筋肉も体幹も弱くなり、運動不足になります。自分の未来のからだは大丈夫かな…? 骨や筋肉が弱いと、疲れやすくなる、すぐに転ぶ、ケガをしやすくなります。手足、背骨、筋肉などを強くして、大人、そして老人になっても元気に（自分の足で立って）動ける人でいましょう。

五感を育てる体験をしよう

①

②

視覚：目　ものを見る力

赤ちゃん　視力
明るい暗いが
わかる程度

1歳ごろ
0.2程度

5〜6歳ごろ
1.0程度

③

聴覚：音を聞く力

イヤホン
ヘッドホン

耳をすませて…
虫や風などの
自然からの音も
聞きましょう

大音量で聞き続けていませんか？

④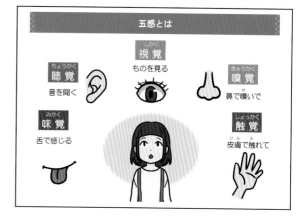

五感とは

視覚　ものを見る
聴覚　音を聞く
嗅覚　鼻で嗅いで
味覚　舌で感じる
触覚　皮膚で触れて

⑤

タブレットなどで自然観察ができても

バーチャル体験で　五感　は育ちません！

リアルな現実体験の中で五感は育ちます

⑥

五感を育てる体験をしましょう

からだを動かす
におい、
風を感じる
見て、聞いて、触れて…

屋外で五感を育てる体験をしよう

●子どもたちが普段意識することが少ない「五感」が人間にとっていかに大切か
を考えてみましょう。

●スマホやタブレットでは「五感」は育ちません。ではどうするか？　外遊び、自然との
触れ合いの素晴らしさに気づかせます。

■ シナリオ

①五感って知っていますか？　視覚、聴覚、触覚、嗅覚、味覚、人間が生きていく上で大
事な能力です。

②視覚：目［ものを見る力］生まれたばかりの赤ちゃんのときは、明るい暗いぐらいしかわ
からないのですが、生後3か月で視力は 0.05 となり、目の前で動くものも追えて、色も少
しずつ見分けられるようになります。そして成長にともない、視力は生後 8 か月ごろからは
0.1 くらいになり、1 歳ごろには 0.1 〜 0.2 と、少しずつ発達していきます。小学校入学時（5
〜 6 歳）くらいまでには、1.0 の視力になるといわれています。わたしたちは、外からの情
報の 80% を目（視覚）から得て生活しています。近年、スマホやゲームなどの近くで見る
作業をやりすぎると、近視による視力低下が起こり、将来失明のリスクが高くなることがわ
かってきています。※視力の見え方（くまのイラスト）はイメージ画像です。

③聴覚：［音を聞く力］耳は音を集めて聞き分けます。静かな場所で小さな音を聞き分ける
などの体験が大切で、自然界の虫の音、風の音、音楽なども耳を育てます。しかし、大音
量の爆音、工事音、イヤホンやヘッドホンを使って音楽を長時間聞くことなどは、耳の働き
を低下させてしまうことがあります（難聴）。最近若者の難聴が多いという研究結果があり、
大音量でスマホやゲームをするのは避ける必要があります。

④触覚、嗅覚、味覚：感覚（皮膚）で、におい（鼻）で、味（舌）で感じる力を育てるには？
残りの3つ触覚、嗅覚、味覚も、人間にとってはとても大事です。
まず、触覚：触れたときの感触。肌触り手触りは人と人、人と物の関わりで絶対必要な感
覚です。
嗅覚：においを感じる感覚。家族のにおい、ガス漏れ、焦げ、腐っているなど、生きる上
で大事な能力です。味覚：おいしい、まずいなどを感じて、からだに危険なものを取り込ま
ないための感覚です。この五感が働かなかったら、どうなるのかな？

⑤タブレットやスマホでも動画などで自然を見たりできますが、立体の視覚、遠近を知る
聴覚、触覚、嗅覚、味覚の五感は、スマホやタブレット、ゲーム機などの平面画面での遊
びでは、使わない、育たないのです。

⑥ゲームやスマホから離れる時間（デジタル・デトックス）をつくって、屋外でからだを動かし、
五感を育てる体験をしましょう。

スマホで学力が下がるって本当？

①

スマホで学力が
下がるって
本当？

4 - 4

②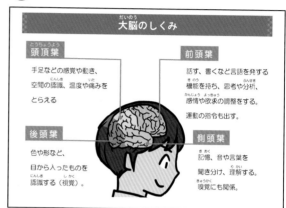

大脳のしくみ

頭頂葉
手足などの感覚や動き、空間の認識、温度や痛みをとらえる

前頭葉
話す、書くなど言語を発する機能を持ち、思考や分析、感情や欲求の調整をする。運動の指令も出す。

後頭葉
色や形など、目から入ったものを認識する（視覚）。

側頭葉
記憶、音や言葉を聞き分け、理解する。嗅覚にも関係。

③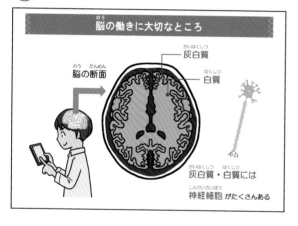

脳の働きに大切なところ

脳の断面
灰白質
白質
灰白質・白質には
神経細胞がたくさんある

④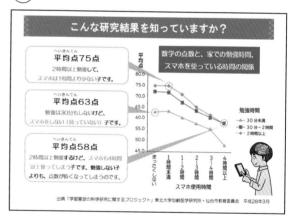

こんな研究結果を知っていますか？

数学の点数と、家での勉強時間、スマホを使っている時間の関係

平均点75点
2時間以上勉強して、スマホは1時間より少ない子です。

平均点63点
勉強は30分もしないけど、スマホをしない（持っていない）子です。

平均点58点
2時間以上勉強するけど、スマホも4時間以上使ってしまう子。勉強しない子よりも、点数が低くなってしまうのです。

勉強時間
30分未満
30分〜2時間
2時間以上

出典「学習意欲の科学研究に関するプロジェクト」東北大学加齢医学研究所・仙台市教育委員会　平成28年3月

⑤

インターネットの利用時間と脳の発達

インターネットを使わない
灰白質は増えた
3年後

インターネットを使う習慣が多い
灰白質は、増えない　変わらない
3年後

灰白質・白質が増えないと
感情をコントロールする前頭前野の働きに影響して、キレやすくなるなどの問題があると言われています

⑥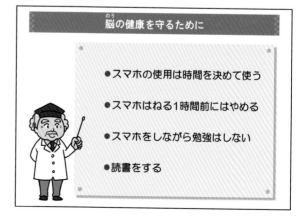

脳の健康を守るために

- スマホの使用は時間を決めて使う
- スマホはねる1時間前にはやめる
- スマホをしながら勉強はしない
- 読書をする

●最近、ゲームやスマホに夢中になって成績が下がってしまった人はいないかな？
と声をかけて、1日1時間を超えると成績が下がる研究結果があることを子どもた
ちに伝え、どうすればよいかを考えさせます。

●スマホのメリットも取り上げながら、デメリットも話し合い、では、どうして大人たちは
スマホを子どもたちにも使わせるのか、メーカーは売るのかなどまで発展させて話をす
るのもよいでしょう。

■ シナリオ

①スマホで学力が下がるって聞いたことがありますか？　それは本当かな？　みなさんはス
マホを触ったりゲームをしたりする時間は、1日どのくらいですか？

②まず、その前にヒトの大脳のしくみを説明します。大脳は大きく分けて4つの場所に分か
れます。前頭葉、頭頂葉、側頭葉、後頭葉と、それぞれ場所ごとに役割があります。

③これは、脳の断面です。大脳の神経細胞が、帯のように並んでいる灰白質、内側には白
質があります。ここもまた、脳の働きに大きな役割を持っています。

④東北大学の脳科学者 川島隆太教授は、2015 年から仙台市の 70,000 人を超える小中
学生の脳の発達と生活習慣との関係などを調べています。ここでは、「スマホを使った時間
と学力の関係」と「スマホを使っている人の脳の発達」の2つの研究結果について取り上げ
ます。
1つ目です。スマホ使用時間とテストの点数を調べたところ、「スマホ、タブレットを持って
いない子」「毎日の使用時間が、1時間未満、1～2時間、2～3時間、3～4時間、4時
間以上」では、1時間未満の子どもの成績が最も高いことがわかりました。

⑤2つ目です。インターネット利用時間と脳の発達の関係を3年間にわたって調べたところ、
スマホ、タブレットなどでインターネットを使わないと、大脳の灰白質が3年後に 50cc く
らい増えていて、スマホ、タブレットなどのインターネット習慣が多い子どもたちは、3 年
後も大脳の灰白質 、白質は増えていませんでした。脳の発達にも影響があるといえます。
これは、子どもだけではなく、大人を追跡した場合にも同じような結果が出ています。灰白質、
白質が増えないと、人間にとって重要な働きをする前頭前野の発達にも影響して、感情を抑
えきれず、キレやすくなるなどの問題がわかっています。

⑥では、どうすればいいのかな？　スマホやタブレットは、使用時間を決めて使い、寝る1
時間前にはやめる、使わないときの置き場所はリビングにして、ながら勉強はしないことで
す。また、読書で脳は回復しますので、積極的に本を読むとよいでしょう。

十分な睡眠時間がとれていますか？

小学校 低学年　小学校 中学年　小学校 高学年　中学生 以上

①

十分な睡眠時間
がとれて
いますか？

4-5

② 睡眠が足りないと…

学校休む…

朝、すっきり起きられない
学校に行く元気がない

日中ねむい
授業中にねてしまう

気分、体調が悪い
保健室で休むことがある

③ 睡眠の効果

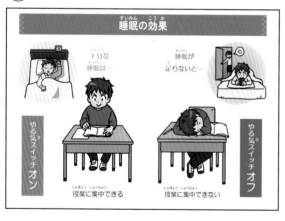

十分な
睡眠は…

睡眠が
足りないと…

やる気スイッチオン

やる気スイッチオフ

授業に集中できる

授業に集中できない

④ 規則正しい睡眠で

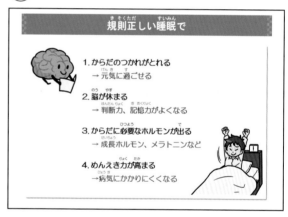

1. からだのつかれがとれる
　→ 元気に過ごせる

2. 脳が休まる
　→ 判断力、記憶力がよくなる

3. からだに必要なホルモンが出る
　→ 成長ホルモン、メラトニンなど

4. めんえき力が高まる
　→病気にかかりにくくなる

⑤ 理想の睡眠時間は？

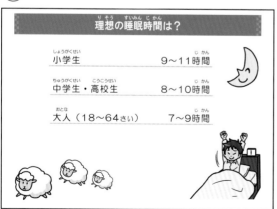

小学生	9～11時間
中学生・高校生	8～10時間
大人（18～64さい）	7～9時間

⑥ 質のよい睡眠をとるためには

● 朝、起きたら光を浴びる

● 日中はからだを動かす

● ねる時間を決める

● ねるときは部屋を暗くする

● ねる1時間前には、スマホや
　タブレットなどを使わない

OFF

●人間は眠らないと死んでしまう生き物です。不眠や睡眠不足が続くと、からだや心にさまざまな不調が現れます。人類は何万年もの間、太陽が沈んで暗くなったら眠りにつき太陽がのぼったら活動するという暮らしを続けてきました。でも、それがこの150年くらいで大きく変わりました。特に子どもの生活リズムが激変して、日本の子どもの睡眠時間は21世紀初めに世界で最も短いと言われましたが、今はさらに短くなっています。それはなぜか？ を考えましょう。

●ゲーム機やスマホ、タブレットを夜使うとブルーライトなどの影響で睡眠の質の低下をもたらします。すっきり朝起きられない子がいたら、そうした子のケーススタディをクラスでやってみるのもよいかもしれません。

■ シナリオ

①みなさんの睡眠時間はどのくらいですか？ 十分な睡眠はとれていますか？ 睡眠不足になる原因はいろいろありますが、最近では、スマホやゲームでの夜更かしが問題になっています。みなさんは、大丈夫かな？

②睡眠が不足していると、どんな症状が現れるでしょうか？ 朝すっきり起きられない、眠くて授業に集中できない、体がだるい、疲れやすい、ボーッとしたりイライラしたりするなどいろいろな症状が現れます。

③睡眠の効果を、知っていますか？
睡眠が十分にとれていると、やる気スイッチがオンになり、授業にも集中できます。逆に睡眠が足りないとやる気スイッチはオフになり、授業に集中できません。

④睡眠の効果はほかにもあります。十分な睡眠は、脳とからだを休めます。十分な休息によって、判断力・記憶力などの脳機能もよくなります。そのほかにも、成長ホルモンなどを出させたり、病気などにもかかりにくくなったりします。

⑤そして、わたしたちには、暗くなると寝て、明るくなると起きるという、本来人間に備わっている体内時計があります。夜遅くまでスマホやゲームをやっているとそのリズムにずれが生じます。規則正しい睡眠はその体内時計のずれを防ぎます。ここにある理想の睡眠時間を参考にして、自分の睡眠時間を見直してみてください。

⑥最後に、十分な睡眠をとるための工夫を紹介します。朝起きたら、光を浴びる・昼間に体を動かす・寝る時間を決める・寝るときは部屋を暗くする・寝る1時間前には、スマホ、タブレット、ゲーム機の使用はやめるなどです。

ネット依存とゲーム中毒（障害）を防ごう

小学校低学年　小学校中学年　小学校高学年　中学生以上

①

ネット依存と
ゲーム中毒を
防ごう

4-6

② 依存するとどうなるの？

依存症とは

- ある行動をやめたくても
  やめられなくなる病気

- アルコール、タバコ、
  薬物などが代表的

ゲーム障害とは

- オンラインゲーム などに
  はまり、生活の中心が
  ゲームになって、ふつうの
  生活が送れなくなる状態

③ 心とからだへの影響

- 朝起きられない
- 頭が痛い
- ボーッとする
- ゲーム以外のことは
  やる気が起きない

- 夜眠れない
- 睡眠不足になる
- だるい
- つかれやすい
- 目がつかれる
- 視力が下がる

④ 生活への影響

- 時間をむだに使う
- 生活リズムの乱れ
- 親子げんかをする
- ひどい言葉を使い、暴力をふるう
- お金をむだづかいする　　● 不登校

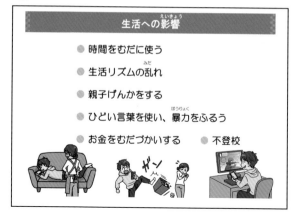

⑤ ゲーム障害という病気を知っていますか？

ゲーム障害チェック

- □ ゲームの使用を自分でコントロールできない
  （回数、時間、期間、環境など）
- □ やらなければならないことよりも、ゲームを優先する
- □ 生活の中で支障があってもゲームをやり続ける
- □ ゲームによって、心身の健康、
  家庭、学校生活、仕事などに
  問題が起きている

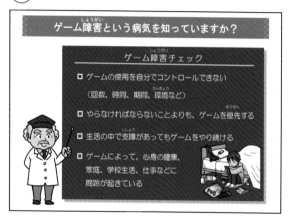

⑥ ネット依存やゲーム障害を予防する方法は？

- 毎日長時間、習慣的にやらない
- 1日のゲーム時間、場所を決めて、それを守る
- ゲーム以外で楽しいことを見つけて行動する　など

心配なときには…
家の人や担任の先生、
養護教諭の先生に
相談します

●ネット依存やゲーム中毒 (障害) は誰でも陥る病気であること、親世代はその怖さをよく知らないことを子どもたちに伝えることが重要です。

●依存症とは、ある行動をやめたくてもやめられなくなる病気をいいます。アルコール依存、タバコ依存、薬物依存などが有名です。病院に行って治療しなければならない場合が多いのです。「ゲーム障害」がそれらと同じ位置づけとなったことを伝えます。

●クラスの中にゲーム中毒 (障害)、スマホ依存が心配な子はいませんか? 授業をするにあたりそういったことにも目を向けましょう。

■ シナリオ

① 「ネット依存」や「ゲーム障害」を知っていますか? 聞いたことがある人はいますか?

②最近、ネット依存といって、インターネットをやめられない人が増えています。ネットでいろいろな情報を得たり、誰かとつながったり、ゲームをすることで、脳が気持ちよくなってやめられなくなってしまうのです。ゲーム障害とは、ネットゲームがやめられず、学校や仕事に行けないなど、日常生活や健康に支障が出ている状態です。世界保健機関(WHO) は、精神疾患として位置づけることを発表しました (2019)。

③心やからだにはどのような影響が出るのでしょうか。朝起きられない、頭が痛い、ボーッとする、ゲーム以外のことはやる気が起きない、目が疲れる、視力が下がる、夜眠れない、睡眠不足になる、だるい、疲れやすい などがあります。

④生活にはどのような変化が現れるのでしょうか。時間をムダに使う、生活リズムの乱れ、親子げんかをする、ひどい言葉を使い、暴力をふるう、お金をムダ遣いする、不登校になるなどがあります。

⑤大丈夫かな? ゲーム障害チェックをしてみましょう。4つのことが12か月以上続く場合には、ゲーム障害が疑われます (子どもの場合には12か月未満の場合もあります)。
　●ゲームの使用を自分でコントロールできない (回数・時間・期間・環境など)
　●やらなければならないことよりも、ゲームを優先する
　●生活の中で支障があってもゲームをやり続ける
　●ゲームによって、心身の健康、家庭、学校生活 (仕事) などに問題が起きている

⑥予防方法としては、何があるのでしょうか。
　毎日長時間、習慣的にやらない
　1日のゲーム時間、場所を決めて、それを守る
　やるべきことを忘れて、生活が乱れるほどにゲームをしない
　ゲーム以外で楽しいことを見つけて行動する
依存症やゲーム中毒 (障害) になると、抜け出すのが難しくなります。まずは予防をして、病気かもしれないと感じたら家の人や、担任の先生、養護教諭の先生に相談しましょう。

ネットライフ スキルチェック

睡眠と運動

年　　　組　　名前

あてはまるものに○をつけ、（　）には考えを書きましょう。

1) 最近の子どもたちは、スマホやタブレットなどの使用で睡眠時間が減っていると言われています。あなたはどうですか？

[　減っている　　　減っていない　　　わからない　]

2) 夜おそくまでゲームや SNS をしたり、動画をみていたりして、次の日の朝、スッキリ起きられなかったことはありますか？

[　いつも　　　ときどき　　　　ない　]

3) 1日何時間ねむりたいと思いますか？

[　3時間〜5時間　　6〜7時間　　8〜9時間　　10〜11時間　　12時間　]

4) よい睡眠をとるために、大切なことはなんですか？

（　　　　　　　　　　　　　　　　　　　　　　　　　　　　　　　　）

それを実現するには、何をしたらいいと思いますか？

（　　　　　　　　　　　　　　　　　　　　　　　　　　　　　　　　）

5) スマホやタブレットの長時間使用で、体を動かす機会（運動・外遊び）が減っています。みなさんは運動やお手伝いをしていますか？

[　している　　　していない　]

6) スマホやタブレットの使用時間が増えると、足を使わなくなります。あなたは1日どれくらい歩いていますか？　学校への登下校の時間もふくみます。

[　5分〜15分くらい　　　15〜30分くらい　　　30分〜1時間　　　1時間以上　]

ネットライフ スキルチェック

ゲーム中毒（障害）

年　　　　組　　　名前

あてはまるものに○をつけ、（　）には考えを書きましょう。

1) オンラインゲームで遊んだことがありますか？

[　毎日遊んでいる　　　　ときどき遊ぶ　　　遊ばない　]

2) どんなゲームで遊びますか？ いくつでも

（　　　　　　　　　　　　　　　　　　　　　　　　　　　　　　　）

3) 一日どのくらいの時間、遊びますか？

（　　　　　　　　　　時間くらい　）

4) ゲームをしていて、SNS や動画を見ていて、勉強（宿題）をするのを忘れたことがありますか？

[　忘れたことはない　　　　ときどき忘れる　　　いつも忘れる　]

5) 生活に影響が出るほど、ゲームをしてしまう病気を、「ゲーム中毒」（正式にはゲーム障害）といいます。知っていますか？

[　知っている　　　知らない　]

[　自分もそうだと思う　ゲーム中毒の子を知っている　ゲーム中毒の子はまわりにいない　]

6) ゲーム中毒（障害）にならないために、大切なことはなんですか？

（　　　　　　　　　　　　　　　　　　　　　　　　　　　　　　　）

子どもに伝える
ネットリテラシー

1 ネット情報の危うさ

　アメリカのトランプ前大統領が、自分が落選した選挙結果に不正があったとTwitterで発信し続け、それを信じた多くの民衆が議会議事堂に侵入、占拠した事件は衝撃的でした。繰り返し訴えられると、根拠のないフェイク（うそ）情報でも、多くの人々がネットからの情報を信じてしまうという象徴的な出来事でした。

　また、インターネットではとんでもない情報も発信されます。10年ほど前にIS（イスラミックステート）という国際的なテロ組織が人質を殺害する残虐な映像を世界中にネット発信し、同時に彼らの言う「聖戦」に参加する若者を募集する呼びかけを行ったことがありました。事例に象徴されるように、ネット情報の多くは発信する個人や団体が特定の目的を実現するために意図的に、何の制約もなく流されています。政治的主張ばかりではありません。商品の売り上げ、企業の利潤のためにニセのデータや評判をアップしたり、誰かを貶めるために映像や音声を加工したものが真実を装って発信されたりしているのです。

　こうしたネット情報に向き合うためには、しっかりしたネットリテラシーを身につけることが不可欠です。

2 情報の偏食は危ない！

　子どもたちがスマホ、タブレット、パソコンに向き合う時間は年々増えています。それに反比例して、新聞を読む、本を読む、テレビを見るなどの時間は劇的に減少しています。さらに、家族や近所の人と対話する機会も減るばかりです。その結果、子どもたちの情報入手はもっぱらネットからの情報に偏り始めています。情報の偏食が始まったのです。

　そしてネット情報の偏食が怖いのは、子ども、若者が情報を求める際に、自分にとっておいしい情報、好ましい情報は積極的に求めても、苦い情報、不都合な情報には見向きもしないで済ます傾向が強く見られるのです。こうした、いわば情報入手の二重の偏食は、子どもたちの人間観、社会観、世界観の形成を大きくゆがめてしまう危険性をはらん

でいます。

　こうした状況を考えると、ネットリテラシーの第一歩は、ネット情報に埋没せず、ネット内の情報に冷静に批判的に向き合う態度の確立だといえましょう。

③　正しい情報はどこにあるの？

　前述したように、ネット情報の多くは発信する企業や団体そして個人が何らかの目的でアップしたり、ツイートしたりしたものです。したがって企業も団体も個人も、自分にとって不利益で不都合な情報をネットにアップすることはありません。それどころか、ニセの情報や映像やデータが捏造された情報が真実らしい顔をしてアップされることも少なくありません。それを見抜く眼『眼力』がネットリテラシーです。ネット情報に向き合う『眼力』のポイントをあげておきましょう。

　1　発信者は誰か？　その信頼性は？
　2　その情報発信で誰が利益を得たり有利になったりするのか？
　3　同様の情報がほかの団体、個人からも発信されているのか？
　4　ネット以外のメディア（テレビ、新聞、週刊誌など）で、同様の情報はあるのか？

④　情報を読み解く力

　もともとリテラシーという言葉は、文章の読み書き能力を意味する言葉です。したがってネットリテラシーとは、ネット情報を読み解く能力と、ネットへ適切に発信できる能力の両側面があります。

　前者のネット情報を読み解く能力に大切なのが、眼光紙背に徹する批判的な『眼力』であることは先述したとおりですが、それを養い鍛えるのは、幅広い読書、ネット以外の新聞、雑誌、テレビなどからの情報収集でしょう。ネット情報を読み解く力は、ネットの世界ではなくネット以外の世界で培われるのです。

　後者の適切に発信できる能力は、ハード面の習熟は当然として、第3章で述べた他者の人権への配慮や個人情報への配慮がポイントです。基本的人権や個人情報についてもしっかり学んだ上でネットの世界に向き合いたいものです。

ネットリテラシーってなに？

小学校
低学年　小学校
中学年　**小学校
高学年**　**中学生
以上**

①

ネット
リテラシーって
なに？

5-1

②

ネットリテラシーとは

インターネット　　　　リテラシー
Internet　　　　literacy
コンピューターを結んで、　　　読み書きの能力
いろいろな情報を伝えるしくみ

インターネットの便利さだけではなく、
特性や危険性も知ることが大切です

③

ネットリテラシー1　トラブルから身を守る

個人情報の流失
覚えのない料金の請求
写真を悪用される
ネットトラブル
インターネット詐欺（だまし）
誹謗中傷や悪口

④
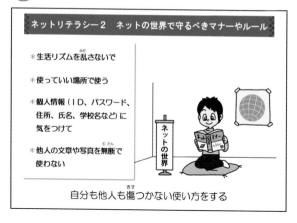

ネットリテラシー2　ネットの世界で守るべきマナーやルール

＊生活リズムを乱さないで

＊使っていい場所で使う

＊個人情報（ID、パスワード、
住所、氏名、学校名など）に
気をつけて

＊他人の文章や写真を無断で
使わない

ネットの世界

自分も他人も傷つかない使い方をする

⑤

ネットリテラシー3　情報はうそか、本当かを見抜く力

あふれる情報がウソかホントか
よく確かめよう！

ウソ？　ホント？　フムフム

うその情報はスルー（無視）します

⑥

ネットは便利なツールです

ネットを上手に
使いましょう

●インターネットの世界には、大人と子どもの区別はありません。よく、著者が行う講演会では、「魔物が住んでいる」とか「闇の世界」というように、「警戒が必要な世界」だということを強調します。子どもたちに対しても、特別な世界であることを初めに伝えましょう。

●子どもたちに、ネットの世界で『魔物』『闇』と呼ばれるものはどんなものかを考えさせるような授業展開につなげてください。

○だます（ニセ情報）・誘われる（金銭目的、つながり、性的なものも含めた出会い）

○攻撃される（いじめ、誹謗中傷）

○盗まれる（情報）

○時間泥棒（つい夢中になると…）

などがあります。

■ シナリオ

①ネットリテラシーって聞いたことがありますか？

②もともとリテラシーは「Literacy」「読み書きの能力」のことです。ネットリテラシーとは、インターネットの便利なところ（利便性）を理解して、いいところ（特性）や危険性もしっかり知ることが大切という意味で使われることがよくあります。

③ネットリテラシー1　身を守る護身術

ネットの世界でのさまざまなトラブル、個人情報の流出、覚えのない料金の請求、写真を悪用される、つくられた情報などでだまされる、悪口を書き込まれるなどのトラブルにあうことなく、安全で適切にネットを使うことができる力を身につけておく必要があります。

④ネットリテラシー2　ネットの世界で守るべきマナーやルール

ネットを使うときのマナーや、ネットの世界でのルールを身につけましょう。生活リズムを乱さないように、使ってもよい場所でマナーを守って使います。個人情報に気をつけて、他人の文章や写真を無断で使わない、自分も他人も傷つかない使い方をするのがルールです。

⑤ネットリテラシー3　情報はうそか、本当かを見抜く力を

たくさんの情報の中から、正しいこと、本当のこと、うその話などを見分ける力をつけること、そしてうその情報は相手にしないことなどの対応法を知っておきます。

⑥ネットは、トラブルの危険はあるけれど、とても便利なツールです。ネットリテラシーをしっかり身につけて、トラブルにあわないように上手に使うことが大切です。

情報を読み解く力をつけよう

①

②

③

④

⑤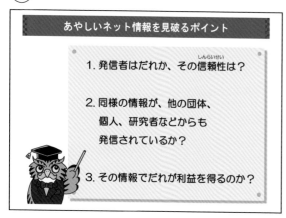

⑥

■ シナリオ

①インターネット上には、情報があふれています。正しい情報だけではなく、明らかに怪しい情報、怪しくなさそうに見えるけど本当は怪しい情報、怪しいけど本当の情報、真実がわからず、誰もその情報に責任を持たないものなどいろいろあります。

②ネット情報は操られていることがあります　その1
あるレストランのホームページには、「おいしいから絶対おすすめ！」とか、「また行きたい！」といった書き込みがあふれています。これは、行って食べたお客さんが書いているものばかりではなく、お店の人がお金を払って書き込みをお願いしたものもあります。あるメーカーでは、商品がたくさん売れ残っていて、なかなか売れません。そこで、従業員（働く人に）その商品の評判や、「もうすぐ売り切れ！」「大人気商品！」などと企業にとって都合の良いことを書き込ませることもあります。これらは、売り上げを伸ばすためのニセ情報です。ネット上にあるたくさんのサイトの中には、こういったうそやつくられた情報を載せているところもあります。

③ネット情報は操られていることがあります　その2
「飲んだら絶対にやせる！」とネット上に大きく広告を出しているあるメーカー。本当は効果がないものを効果があるように、モニターさんと呼ばれる人に、お金を払って演技や書き込みをしてもらっているものもあります。ある外国の政治家が、自分に都合の悪い選挙結果に反発して、「不正だ！」と騒ぎ、多くの人がそれを信じてしまったということも、実際に起きました。

④ネットにはウソの情報が混じっています　わからないことを、すぐにネットで検索してしまう人はいますか？　検索結果に出たサイトにも、うその情報が混じっています。ウィキペディアでもうそが書かれていることがあり、100% 正しい情報とは限りません。

⑤うその情報、つくられた話などを見破る力、眼力を養うには、
　1、発信者は誰か、その信頼性は？　あるのか？
　2、同様の情報が、他の団体、個人、研究者などからも発信されているか？　も重要です。
　3、その情報で誰かが利益を得たり有利になったりするのか？　なども考えてみます。

⑥また、ネット以外のメディア（テレビ、新聞、雑誌、書籍等）で同様の情報はあるか？も、重要です。先生やおうちの人などに聞いてみるのもよいでしょう。ネットだけではなく、自分のアンテナを張りめぐらせて、あふれる情報の中から正しい情報を見分ける力を養いましょう。

情報の偏食に気をつけよう

中学生以上

①

②

③

④

⑤

⑥

●子どもたちに偏食のあるなしを聞き、「偏食」によって自分のからだにどんなことが
起きるのかを考えてもらいます。そして、この「情報の偏食ってどういうことかな?」と
つなげることをおすすめします。
人間には生きるための情報、社会生活を送るための情報が必要です。
それはどんなもの? 情報入手手段は? いろいろあるよね? と、考えられるだけあげてもらい、
情報入手がネットばかりになると、どんな落とし穴、危険があるかな?
「二重の偏食」ってどういうことかな?
また、「おいしい情報」が送られてくる"仕掛け"までを考えた展開をしましょう。

■ シナリオ

①今回は、「情報の偏食に気をつけよう」です。偏食の意味はわかりますか? 偏食とは、
好きなものばかり食べて、栄養素に偏りがある食事のことです。みなさんは食べ物に偏食
はありますか? 同じように情報を取り入れるときに、偏った方法になっていませんか?

②情報はどこから手に入れますか?
みなさんは、何かを調べるとき、情報をどこから手に入れていますか? 新聞ですか? 雑誌
ですか? 本ですか? テレビですか? それとも人に聞きますか?
インターネットばかりになっていませんか?

③情報源をネットだけに頼っていると、どうなるでしょうか?(第一の偏食)。
読みたい、知りたい、好きな情報しか選ばないことは、情報や知識が偏ってしまうので、将来、
社会に出るみなさんにはよくありません。

④ネットは操作をしている人の好みの情報が次々に送られてくる仕組みにもなっています。
好みの情報だけに偏りすぎないようにしましょう。好きな情報だけしかいらない! という偏
りは(第二の偏食となり)、知らず知らずのうちに考え方やものごとの見方がゆがみ、自分
の考えや行動範囲が限られてしまいます。そして、人と比べたり、孤独を感じやすくなった
りすることもあるといわれています。

⑤ネット情報は、一個人の発信も多く、匿名、ペンネームでの投稿は責任者もわからず、真
実ばかりではありません。テレビ、新聞、本、雑誌などは(編集)責任者がいて、担当者、
作家や専門家など複数の人が協力して発信するので、信頼性も高い情報が多くあります。

⑥ネットだけの情報入手ではなく、本や新聞を読む、美術館や博物館などへ行く、多くの人
の話を聞く、自分で実際に調べるなど、子どものときから、ネット以外で得られる豊かな知
識と体験も大切にしましょう。

ネットリテラシー①

ネットライフ スキルチェック

年　　組　　名前

あてはまるものに○をつけ、（　）に考えを書きましょう。

1) インターネットを使う上で、注意しなければいけないことはどんなことだと思いますか？
〈いくつでも〉

（　　　　　　　　　　　　　　　　　　　　　　　　　　　　　　　　　）

2) インターネット上の情報についてどう思いますか？

[　すべてが本当のこと　　　全部うそ　　　本当のことも、うそのこともある　]

それは、たとえばどのようなことですか？

（　　　　　　　　　　　　　　　　　　　　　　　　　　　　　　　　　）

3) あなたは、調べ物をするときに、どこから情報を手に入れますか？

（　　　　　　　　　　　　　　　　　　　　　　　　　　　　　　　　　）

4) ネットにアップされた写真や言葉が、二度と取り消せないのはどうしてですか？

（　　　　　　　　　　　　　　　　　　　　　　　　　　　　　　　　　）

ネットライフ スキルチェック

ネットリテラシー②

年　　　組　　名前

あてはまるものに○をつけ、（　）に考えを書きましょう。

1）個人情報とはなんのことですか〈いくつでも〉

（　　　　　　　　　　　　　　　　　　　　　　　　　　　　　　　　）

2）写真や動画について聞きます。本人の許可なくやってはいけないことはなんですか？
〈いくつでも〉

[　写真をとる　　　動画をとる　　　加工する　　　ネットにアップする　　]

3）インターネット上に、自分や友達の悪口や写真・動画が悪用されて取り上げられていました。
あなたは、どうしますか？

（　　　　　　　　　　　　　　　　　　　　　　　　　　　　　　　　）

4）18歳未満の人の裸や下着姿など、性的な写真や画像を公開するのは、自分の写真ならいい
ですか？その理由は？

[　公開していい　　　公開してはいけない　　]

（　　　　　　　　　　　　　　　　　　　　　　　　　　　　　　　　）

覚えておこう！ ネットに
向き合うために大切なこと

■ 子どもたちがネットの海を賢くたくましく泳ぐために

「地球環境を守るための最善の策は何か？」この問いにAI（人工知能）が出した答え
が、"人類の絶滅"だったというブラックユーモアがあります。何万年にもわたって、人類
が進歩・発展させてきた文明社会の副作用を、鋭く衝いた話です。化石燃料と大気汚染
や地球温暖化、森林乱開発や海洋資源乱獲と食糧危機、原子力発電と核のゴミ、車社会
と過疎・限界集落の増加、そしてペットボトルやレジ袋と海洋汚染…、現代文明の副作
用は私たちの身のまわりにあふれています。

では、教育現場で進行し始めた、GIGA スクール構想やデジタル教科書の導入には、
副作用は考えられないのでしょうか。

今、少なからぬ科学者が、スマホやゲーム中毒と脳の発達、スマホやゲームと視力悪
化（失明リスク）などについて警鐘を鳴らし始めています。GIGA スクールで子どもた
ちのスクリーンタイムは間違いなく激増します。楽しい、簡単、便利、早い…そこに、使い
方によっては、とんでもない落とし穴が隠れているなど、子どもたちは夢想だにしない
でしょう。

この章では、ネットリテラシーの仕上げをします。

前半では、子どもたちがスマホやタブレットを使って、インターネットの世界に入ってい
くときに押さえておくべき大切なことのうち実際に起こった事例を参考に、5章までで触
れなかったことを学びます。

後半は、パワポ教材の締めくくりとして、「めざせ！ネットリテラシーの達人〜キミは何
点とれるかな？〜」とした、ネットリテラシーの最終チェック表を紹介します。15項目の
質問に答えて、自分の「達人度」をチェックしてみてください。

子どもたちがネットの海を賢く、たくましく泳ぐ技と知恵を身につける一助になれば
と考えています。

■ 全国の小中学校で子どもたちが考えたネットリテラシー標語
（スローガン）

これは、学校現場から届いたネットリテラシーに関する標語です。子どもたち自身が主体的にネット問題に向き合い、学ぶことで、自分のこととして取り組んでいることがうかがえます。

1. ネットの世界は闇の世界! 変な誘い、あやしいサイトに近づくな!

2. ネット機器はおもちゃではない! ふざけて使ったら大けが、大やけど!

3. 個人情報は絶対にアップしない! 写真は特に要注意。自分のも他人のも

4. トータルの使用時間に気をつけて!
   家で＋学校で＋塾で＋移動中?
   総接触時間が多くの災いの元。時間制限アプリの利用を

5. 1日1時間を超えると成績は確実に下がる!
   今の楽しみが、悲惨な老後の生活へ!

6. 睡眠時間を確保せよ!
   寝る子は育つ!はネット時代も。眠る時間を削ってはダメ!

7. 夜の使用は要注意!
   寝る1時間前からは使わない
   勉強しながら、布団の中はダメ!

8. 将来の失明を防ごう!
   スマホ、タブレットなどの小さな画面の連続使用は危険!
   20〜30分に1回、目を休ませ遠くを見よう

9. ネット以外の情報を大事にしよう!
   新聞、テレビ、読書の時間を確保すること

10. ゲーム、スマホを置いて、家の手伝い、外遊び!
    ゲームやスマホばかりではなく、からだを動かそう

事例から学ぼう スマホに夢中!! の危険

小学校 低学年 小学校 中学年 小学校 高学年 中学生 以上

①

事例から学ぼう
スマホに夢中!!
の危険

6-1

②

自転車スマホで大学生が歩行者とぶつかる

危険行為
です!

スマホや携帯電話を使いながら自転車を運転することは、
道路交通法で禁止されています

③

駅のホームから転落

危険行為
です!

平成27年から令和元年までの5年間に、スマホや
携帯電話の使用が原因でのホーム転落件数は223件でした

「鉄軌道輸送の安全に関わる情報」令和元年度　国土交通省より

④

踏切に進入

ダメ!
ながら
歩き

踏切を横断するときは、歩行者も自動車も、
踏切の直前で一時停止して、自分の目や耳で
安全であることを確認してから横断する必要があります

⑤

火事になった家に…

危険行為
です!

携帯電話を取りにもどって逃げおくれました

⑥

スマホやケータイは命より大切ですか?

4つの事故、みなさんはどのように思いますか?

●小学校高学年から中学生までの世代は、スマホの「ながら使用」が増えがちです。歩きながら、自転車に乗りながら、勉強しながら、お風呂に入りながら……スマホで音楽を聴いたり、映像を楽しんだりしている人は、このクラスにもいるのでは？　と問題提起してみましょう。

スマホの画面や音楽に集中すると、視野が狭くなったり、注意が散漫になったりします。「ながら勉強」から、「命の危険にまで及ぶこと」を実例を挙げて考えてみるとよいでしょう。

■ シナリオ

①みなさんは、「ながらスマホ」って知っていますか？「ながらスマホ」とは、何かをしながらスマホを操作することです。ながらスマホをやったことがある人はいますか？
ここでは、スマホに夢中になりすぎたことによる実際にあった悲しい事故をいくつかあげます。

②電動自転車に乗りながらスマホを操作していた大学生が、歩いていた高齢の女性と衝突。メールのメッセージ送受信を終えた後、ズボンのポケットにしまう動作に気を取られ、人がいることに気づかなかったそうです。衝突された方は、亡くなってしまいました。

③中学生がスマホを操作しながら駅のホームを歩いていて転落し、入ってきた電車とホームの間に挟まれて亡くなりました。スマホに夢中になりすぎて、電車が来ることに気づかなかったのではないかといわれています。

④ケータイを操作しながら、遮断機が下りている踏切に入った男性が、電車にはねられて亡くなりました。警告音が鳴っていたにもかかわらず、ケータイの画面に夢中で気づかなかったのではないか、と警察から発表されています。※同様の事故は、ほかにも起こっています。

⑤自宅が火事になり、一旦逃げ出したのにもかかわらず、ケータイを忘れた！と燃えている家の中にケータイを取りに戻った高校生。結果、逃げ遅れて亡くなってしまったという悲しい事故もありました。

⑥スマホやケータイは、命より大切ですか？
ネットに夢中になるとまわりの音も聞こえなくなり、危険に気づかなくなるのがネット使用の怖いところです。

マナーとルールを考えよう！写真や動画の撮影

小学校 低学年　小学校 中学年　小学校 高学年　中学生 以上

①

②

③

④

⑤

⑥

■ シナリオ

①スマホやタブレットのカメラ機能を、使ったことはありますか？　使いやすくて、便利ですね。みなさんは、いつ、どんなときにカメラを使って写真や動画を撮りますか？

②写真、動画を撮る前に、気をつけてほしいことがあります。まずは、場所。今、ここで撮ってもいいのかな？　どんなところが撮ってはいけない場所なのかを、考えてみましょう。

③次に、撮影の対象物です。撮らないでほしいもの（撮影してはいけないもの）も多くあります。人がつくった作品、人物にも注意が必要です。他人の著作物（絵や文章、楽曲など）、人物（他者）の写真や動画をネットにアップするときには、必ずその人の許可が必要です。著作権（誰かがつくったものは、他人が勝手に利用してはいけないという権利）、肖像権（本人の許可なく、顔や姿を撮影、公表されない権利）があります。本人が特定されるような写真や動画は、隠し撮りはもちろんダメです。覚えておきましょう。

また、本屋さんで読みたいページを撮った人が問題になったことがありますね。それもダメです。デジタル泥棒になります。

④カメラで撮った写真や動画の扱い方、投稿にも注意が必要です。これはどんな場面だと思いますか？

これは、中学生の仲良しグループが、一人の男の子を取り囲んだ写真です。これを、SNSにアップしたところ、それを見た人が、「いじめだ！」と騒いで、保護者、学校を巻き込んで問題になりました。ネットにアップするときは、写っている人やもの、撮影場所、見た人がどう思うかなどを考えてください。

⑤では、これはどんな場面だと思いますか？

"いいね！"が欲しくて、注目されたくて、非常識な行動の写真や動画を撮ってネットにアップして問題になったケースもたくさんあります。それによって困る人や被害を受ける人が出れば、撮影者が特定され、学校を退学することになったり、賠償金を請求されたりして、将来にもマイナスの影響が出ます。また、こうした写真や画像はネットに拡散されて消すことができなくなります。軽はずみな行動は絶対にやめましょう。

⑥さらに、加工した写真にも注意が必要です。いたずら心で人の顔などの写真を加工し、それをネット上にアップすることは肖像権の侵害となります。親しい友達の写真はもちろん、タレントさんの写真を加工して公開する場合も、罪に問われる可能性があります。写真データの扱い方にも十分注意しましょう。

デジタルデトックスのすすめ

小学校低学年 小学校中学年 小学校高学年 中学生以上

①

②

デジタルデトックスってなに？

スマホ
タブレット
ゲーム機

デジタル機器に触れない、離れる＝使う時間をつくらないことです

③

どんなよいことがあるの？

デジタルばかりの生活だと…
- 目がつかれる
- 脳がつかれる
- 時間に追われて気持ちに余裕がなくなる

デジタルデトックスをすると
- 目や脳を休めることができる
- 自分の時間がつくれる
- からだを動かし、人と会話をする時間ができる
- ちがう世界を知ることができる

④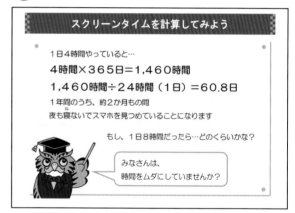

スクリーンタイムを計算してみよう

1日4時間やっていると…

4時間×365日＝1,460時間

1,460時間÷24時間（1日）＝60.8日

1年間のうち、約2か月もの間
夜も寝ないでスマホを見つめていることになります

もし、1日8時間だったら…どのくらいかな？

みなさんは、時間をムダにしていませんか？

⑤

なにをすればいいの？

動画やゲーム、SNS以外に目を向けること

デジタル機器は…
- 電源を切る
- 使わない
- 目につかないところ、手の届かないところに置く

まわりの人にも宣言して、協力してもらおう！

⑥

やってみよう！ デジタルデトックス

空いた時間は…
- 本を読む
- 料理をする
  など

デジタルデトックス中です

ゆったりとした時間を過ごしてみよう

●現代社会では、身のまわりにスマホやタブレットなどのデジタル機器が多くあります。GIGAスクール構想が始まって学校内や家で、今後スクリーンタイムがさらに増えていきますので、「デジタルデトックス」を学びます。

●「デトックス」とは、毒素をからだから追い出すことです。スマホなどで自分の中に「デジタル」という毒が蓄積していることに気づいたアメリカの人が言い始めた言葉です。

■ シナリオ

①デジタルデトックスを知っていますか？

②デジタルデトックスとは、ゲームやスマホ、タブレットなどのデジタル機器に触れない（時間の）こと、使う時間をつくらないことです。

③現代の人たちは、デジタル機器に触れる時間が非常に多いので、デジタルデトックスがおすすめです。どんなよいことがあるのかというと、デジタル機器を使うことによって疲れてしまう脳や目を休める、自分の時間がつくれる、体を動かす、人と会話をする、違う世界を知ることができるといわれます。

④いま、必要性が指摘されている理由に、スクリーンタイム（デジタル機器の使用で失う時間）がとても多いことがあります。自分のスクリーンタイムはどのくらいか、計算してみましょう。行動を書き出したり、実際にスマホやタブレットのスクリーンタイム機能を利用したりしてみましょう。例えば1日4時間のスクリーンタイムがあるとすると、
1日4時間×365日＝1,460時間。これは日数にすると60.8日。1年間のうち、2か月夜も寝ないでスマホを見つめていることになります。1日8時間だとすると、
1日8時間×365日＝2,920時間。これを日数にすると121.6日。1年間のうち、夜も寝ないで4か月！！
みなさんはどうですか？　1週間の平均値を出してみましょう。

⑤何をすればいいのかというと、スマホやタブレットなどのデジタル機器の電源を切る、または、目につかない所に置くだけでいいのです。1人でもいいのですが、家族や友達を誘って、スマホやタブレットなどのデジタル機器から離れると、実行しやすく、続けやすくなります。

⑥まずは、デジタルデトックスタイムにチャレンジしましょう。1日のうちに30分から始めてみましょう。そして1時間、1週間に1日などステップアップしていきます。

考えてみよう！気持ちや思いを伝えるコミュニケーション

小学校低学年 小学校中学年 **小学校高学年** **中学生以上**

①

考えてみよう！
気持ちや思いを伝える
コミュニケーション
6-4

②

ネアンデルタール人とホモサピエンス

獲物 マンモス

オー／ ウー／

行くぞ／ OK！

会話ができない ネアンデルタール人

会話ができる ホモサピエンス

③

ちがいはどこかな？

あーぅ〜

やったー！ とったぞ

仲間とうまく協力できず、獲物を捕らえることができませんでした

仲間とうまく協力して、獲物を捕らえることができました

④

気持ちが伝わるのはどっち？

スマホを見せてあやす

だっこをしてあやす

2つのちがいを考えてみましょう

⑤

気持ちが伝わるのはどっち？

SNS（LINEなど）のやりとり

手紙でのやりとり

2つのちがいを考えてみましょう

⑥

気持ちが伝わるのはどっち？

SNS（LINEなど）のやりとり

対面での会話

2つのちがいを考えてみましょう

●地球上の生き物の中で、複雑な音声信号『言葉』を使って自分の気持ちや意思を相手に伝え、相手から『言葉』で気持ちや意思を受け止めることを基本に、仲間との関係を築いてきたのは、人間だけです。ゴリラ研究の世界的権威の山極寿一・京都大学前総長は「言葉を獲得してゴリラとは違う進化の道をたどった人類が、メールによるコミュニケーションを好むようになったらそれは退行の兆し？」と警鐘を鳴らしています。ところが今、隣の席の人に声をかけないで「お昼どうする？」とメールをしたり、親子関係でも、2階にいる子どもに声を出して「ごはんよ〜」と呼ばないでメールで連絡したりするといったやりとりの変化が見られるようになりました。もう一度、ここでコミュニケーションを考えてみます。

■ シナリオ

①相手に気持ちが伝わるのはどっちかな？　人と人とのやりとり「コミュニケーション」はとても大切です。インターネットを通じたやりとり、電話でのやりとり、対面で言葉を交わすこと、身振り手振りだけなど、コミュニケーションのとり方はさまざまです。相手に気持ちがよく伝わるのはどんな方法かを考えてみましょう。

②ネアンデルタール人とホモサピエンス

これは、同時代に地球に存在していたとされる、ネアンデルタール人と私たち人類の祖先といわれるホモサピエンス（現代の人類）の狩りをしているところです。ネアンデルタール人は、会話の基礎となる発音能力の一部が欠けていたといわれ、会話でのコミュニケーションには限界があったとされています。ですから、彼らが狩りをするときには、会話ではなく身振りや「オー」「ウー」などという言葉だけでした。

③ホモサピエンスは、現代の会話とは異なりますが、「右へ行け！」「危ないぞ！」「目を狙え！」程度の会話はできていたと言われ、獲物を捕らえる効率もよかったのではないかと推測されています。その結果、ネアンデルタール人は絶滅し、我々の祖先であるホモサピエンスは生き残りました（言語や会話と人類には諸説あり）。

④どっちが気持ち伝わるかな？１　「お母さんと赤ちゃんは？」

泣いている赤ちゃんがいます。スマホを見せて泣きやませようとしているお母さんと抱っこをして泣き止ませようとしているお母さんがいます。赤ちゃんにとっていいのはどっちかな？その違いも発表してみましょう。

⑤どっちが気持ち伝わるかな？２　「SNSと手紙」

メールやLINE（スタンプでの挨拶）と手書きの年賀状（文字のくせ、手作り感など）の違いはどんなところかな？

⑥どっちが気持ち伝わるかな？３　「SNSのやりとりと対面での会話」

対面での声の調子、顔色、身振り、手振りとスマホを通じたコミニケーションはどんなところが違うかな？

めざせ！！ネットリテラシーの達人！
～きみは何点とれるかな？～

小学校低学年　小学校中学年　小学校高学年　中学生以上

①

②

第1問
スマホやタブレットをふとんの中やベッドの中で使っていますか

1. 毎日のように
2. 週3日くらい
3. 週1日くらい
4. 月1回くらい
5. 以前はやったが、今はやっていない
6. 一度もやったことがない

③

第2問
スマホやタブレットをトイレやふろ場に持ち込んで使っていますか

1. 毎日
2. 週3日くらい
3. 週1日くらい
4. 月1日くらい
5. 以前はやったが今はやっていない
6. 一度もやったことがない

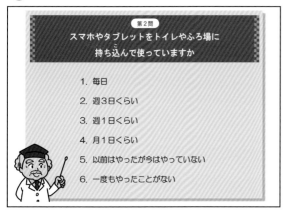

④

第3問
家での勉強中に勉強に関係ないことでスマホやタブレットをいじることはありますか

1. 毎日
2. 週3日くらい
3. 週1日くらい
4. 月1日くらい
5. 以前はやったが今はやっていない
6. 一度もやったことがない

⑤

第4問
歩きながら、電車などの乗り物に乗りながらスマホをさわっていますか

1. 毎日
2. ときどき
3. たまに
4. ほとんどない
5. 今はやらない
6. 一度もやったことがない

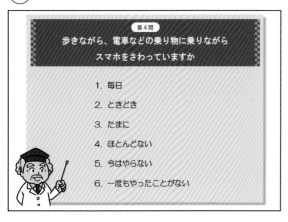

⑥

第5問
夜寝る1時間前にはゲーム、スマホ、タブレットをしない

1. 完全に守っている
2. ほぼ守っている
3. 週3日は守っている
4. 週1日は守っている
5. ほとんど守れていない
6. まったく意識していない

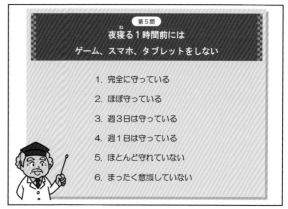

■ シナリオ

①やってみよう！　めざせ‼　ネットリテラシーの達人！　〜きみは何点とれるかな？〜　問題に答えて、自分の達人度をはかってみましょう。

②第1問：あなたはスマホやタブレットを布団の中やベッドの中で使っていますか

❶毎日のように（0点）

❷週3日くらい（1点）

❸週1日くらい（2点）

❹月1回くらい（3点）

❺以前はやったが今はやっていない（4点）

❻一度もやったことがない（5点）

③第2問：あなたはスマホやタブレットをトイレや風呂場に持ち込んで使っていますか

❶毎日（0点）

❷週3日くらい（1点）

❸週1日くらい（2点）

❹月1日くらい（3点）

❺以前はやったが今はやっていない（4点）

❻一度もやったことがない（5点）

④第3問：家での勉強中に勉強に関係ないことでスマホやタブレットをいじることはありますか

❶毎日（0点）

❷週3日くらい（1点）

❸週1日くらい（2点）

❹月1日くらい（3点）

❺以前はやったが今はやっていない（4点）

❻一度もやったことがない（5点）

⑤第4問：歩きながら、電車などの乗り物に乗りながらスマホを触っていますか

❶毎日（0点）

❷ときどき（1点）

❸たまに（2点）

❹ほとんどない（3点）

❺今はやらない（4点）

❻一度もやったことがない（5点）

⑥第5問：夜寝る1時間前にはゲーム、スマホ、タブレットをしない

❶完全に守っている（5点）

❷ほぼ守っている（4点）

❸週3日は守っている（3点）

❹週1日は守っている（2点）

❺ほとんど守れていない（1点）

❻まったく意識していない（0点）

⑦

第6問
夜おそくまでゲーム、スマホ、タブレットを
やった次の日に、このようなことがありますか

1. 朝起きられなくて遅刻することがある
2. 朝起きるのがつらいが遅刻はしない
3. おそくまでやっても朝はちゃんと起きる
4. 夜10時までなど、決めた時間にやめる
   ことにしている
5. 夜9時以降はゲーム、スマホはやらない

⑧

第7問
ネット上で
知り合いができたことはありますか

1. 何人も知り合いができて会ったこともある
2. 知り合いはできて誘われたことはあるが、
   会ったことはない
3. 知り合いはできたが誘われたことはない
4. ネット上の友達はほしいけれどまだいない
5. ネット上の友達には会わないと決めている
6. ネット上の友達に興味はない

⑨

第8問
ネット上の"あやしい"サイトについて

1. "あやしい"サイトをのぞいて被害にあった
2. "あやしい"サイトをのぞいたことがある
3. "あやしい"サイトに誘われたことがある
4. "あやしい"サイトに興味がある
5. "あやしい"サイトに興味も関心もない

⑩

第9問
写真や動画の投稿について

1. 自分や友達、家族の写真や動画をネットに投稿
   したことがある
2. ネット上の知り合いに自分の写真や動画を
   送ったことがある
3. ネット上の知り合いとおたがいの写真を交換
   したことがある
4. 風景や料理など人物以外の写真や動画を
   よくネットに投稿する
5. 写真や動画の投稿や交換は一切したことがない

⑪

第10問
課金について

1. ゲームでの課金はしたことがない
2. 以前したことがあるが今はしていない
3. ときどき課金しているが1000円以内で
   おこづかいの範囲
4. 課金がおこづかいの範囲をこえたことがある
5. つい夢中になって課金し、親に助けてもらっている

⑫

第11問
ネット上でいたずら、からかい、おどかしをついやって
しまう人がいます。当てはまるものはありますか

1. インターネットは誰が発信したかわからないのでそれを
   利用していたずらやいじめの発信を楽しんでいる
2. 発信者がわからないのを利用して気に入らない友達の
   悪口を発信したことがある
3. インターネットで、いたずらやからかいの発信を
   したことが何回かあるが、今はしていない
4. ネットでのいじめ、おどかしはもちろん、いたずら、
   からかいも一切したことがない

■ シナリオ

⑦第6問：夜遅くまでゲーム、スマホ、タブレットをやった次の日に、このようなことがありますか

❶朝起きられなくて遅刻することがある（0点）

❷朝起きるのがつらいが遅刻はしない（1点）

❸遅くまでやっても朝はちゃんと起きる（2点）

❹夜10時までなど、決めた時間にやめることにしている（3点）

❺夜9時以降はゲーム、スマホはやらない（5点）

⑧第7問：ネット上で知り合いができたことはありますか

❶何人も知り合いができて会ったこともある（0点）

❷知り合いはできて誘われたことはあるが、会ったことはない（1点）

❸知り合いはできたが誘われたことはない（2点）

❹ネット上の友達は欲しいけどまだいない（2点）

❺ネット上の友達には会わないと決めている（4点）

❻ネット上の友達に興味はない（5点）

⑨第8問：ネット上の"あやしいサイト"について

❶"あやしいサイト"をのぞいて被害にあった（0点）

❷"あやしいサイト"をのぞいたことがある（1点）

❸"あやしいサイト"に誘われたことがある（2点）

❹"あやしいサイト"に興味がある（2点）

❺"あやしいサイト"に興味も関心もない（5点）

⑩第9問：写真や動画の投稿について

❶自分や友達、家族の写真や動画をネットに投稿したことがある（0点）

❷ネット上の知り合いに自分の写真や動画を送ったことがある（0点）

❸ネット上の知り合いとおたがいの写真を交換したことがある（0点）

❹風景や料理など人物以外の写真や動画をよくネットに投稿する（2点）

❺写真や動画の投稿や交換は一切したことがない（5点）

⑪第10問：課金について

❶ゲームでの課金はしたことがない（5点）

❷以前したことがあるが今はしていない（4点）

❸ときどき課金しているが1000円以内でおこづかいの範囲（2点）

❹課金がおこづかいの範囲をこえたことがある（1点）

❺つい夢中になって課金し、親に助けてもらっている（0点）

⑫第11問：ネット上でいたずら、からかい、いじめ、おどかしをついやってしまう人がいます。当てはまるものはありますか

❶インターネットは誰が発信したかわからないので、それを利用していたずらやいじめの発信を楽しんでいる（0点）

❷発信者がわからないのを利用して気に入らない友達の悪口を発信したことがある（0点）

❸インターネットでいたずらやからかいの発信をしたことが何回かあるが、今はしていない（1点）

❹ネットでのいじめ、おどかしはもちろん、いたずら、からかいも一切したことがない（5点）

⑬

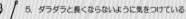

第12問

**ゲーム機、スマホ、タブレットを長時間使うと、
人間の目や脳によくないという研究があります**

1. そうした情報は知らない

2. 聞いたことはあるが、気にしていない

3. 多少は気になるが、みんな使っているから無視

4. できるだけ使う時間を短くしたいけど、便利だし
   楽しいし、つい長くなってしまう

5. ダラダラと長くならないように気をつけている

6. 合計の使用時間をいつも意識している

⑭

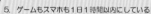

第13問

ゲーム機やスマホを長時間使い続けるとゲーム中毒などの病気になって進学
や就職にも支障をきたすことがあるといわれています。あなたはどうですか

1. 食事や宿題よりもゲームやスマホの時間を優先する
   ことが多い

2. ゲーム機やスマホがいつも手元にないと不安

3. ゲームやスマホの時間を家族に邪魔されるとカッとなる

4. 最近、ゲームやスマホに夢中で勉強に身が入らず
   成績が下がってきた

5. ゲームもスマホも1日1時間以内にしている

6. ゲーム機もスマホも手放した

⑮

第14問

ふだんの生活は、どのような様子ですか

1. スマホやゲーム機から離れて週3回以上
   友達と外遊びをしている

2. 家の手伝いはほとんど毎日している

3. 外遊びも家の手伝いも週に1～2回くらい

4. 外遊びも家の手伝いもほとんどしない

⑯

第15問

ふだんの情報入手は、どうしていますか

1. もっぱらネットから

2. ネットとテレビから

3. ネットとテレビと新聞から

4. ネットとテレビに加えて毎月本を読む

5. ネットとテレビと新聞に加えて
   毎月何冊か本を読む

■ シナリオ

⑬ **第12問：ゲーム機、スマホ、タブレットを長時間使うと、人間の目や脳によくないという研究があります**

❶そうした情報は知らない（0点）

❷聞いたことはあるが、気にしていない（0点）

❸多少は気になるが、みんな使っているから無視（1点）

❹できるだけ使う時間を短くしたいけど、便利だし楽しいし、つい長くなってしまう（2点）

❺ダラダラと長くならないように気をつけている（3点）

❻合計の使用時間をいつも意識している（5点）

⑭ **第13問：ゲーム機やスマホを長時間使い続けるとゲーム中毒などの病気になって進学や就職にも支障をきたすことがあると言われています。あなたはどうですか？**

❶食事や宿題よりもゲームやスマホの時間を優先することが多い（0点）

❷ゲーム機やスマホがいつも手元にないと不安（1点）

❸ゲームやスマホの時間を家族に邪魔されるとカッとなる（1点）

❹最近、ゲームやスマホに夢中で勉強に身が入らず成績が下がってきた（1点）

❺ゲームもスマホも1日1時間以内にしている（5点）

❻ゲーム機もスマホも手放した（5点）

⑮ **第14問：ふだんの生活は、どのような様子ですか？**

❶スマホやゲーム機から離れて週3回以上友達と外遊びをしている（5点）

❷家の手伝いはほとんど毎日している（5点）

❸外遊びも家の手伝いも週に1〜2回くらい（3点）

❹外遊びも家の手伝いもほとんどしない（0点）

⑯ **第15問：ふだんの情報入手はどうしていますか？**

❶もっぱらネットから（0点）

❷ネットとテレビから（2点）

❸ネットとテレビと新聞から（3点）

❹ネットとテレビに加えて毎月本を読む（4点）

❺ネットとテレビと新聞に加えて毎月何冊か本を読む（5点）

※ 80点満点ですが、達人度は児童生徒の実態にあわせて設定してください。

※ CD-ROM の中に自己採点用 集計用紙が入っています。

GIGA スクール時代
～学校現場の課題～

　2020 年から2021 年にかけて、コロナ禍の中で、子どもたちの電子メディア環境は大きく変化しました。新型コロナウイルス感染症予防のための休校を機に在宅でのオンライン授業が積極的に推奨され、小中学校の児童生徒全員にタブレットやパソコンを配布するGIGA スクール構想が、コロナ対策として一気に実現しました。そして、中学校へのスマホ持ち込みも条件付きで解禁されました。

　さらにこれまで使うことに制限がかけられていたデジタル教科書の制限をなくして、2024 年度の全面導入に向けて試行も始められました。

　こうした学校現場の電子メディア環境の激変に各地の学校はどう対応しようとしているのでしょうか。現状と課題を考えます。

1 揺れる学校現場

　一部の自治体を除いて、タブレットなどの端末は2021 年3 月までに、各学校に配布されましたが、その扱いについての対応は自治体によってバラバラとなっています。

1-1 学校保管か持ち帰りを認めるか

　宿題や自宅学習のため自宅持ち帰りを認めた自治体が半数近くにのぼる一方で、授業終了後は保管庫に収納して鍵をかけて管理する自治体もかなりの数にのぼります。

　前者では、学校が保護者から誓約書をとって、破損や紛失の際は弁償を求めているケースもあります。しかし、充電の経費を各家庭が負担することの是非や、家庭など学校以外で子どもが勝手に使う場合に何のガードもかけていないなどのケースもあり、今後議論を呼びそうです。一方後者の場合、授業の時だけ使うのでは活用の仕方として不十分という指摘もあり、突然の一斉配布に戸惑う学校現場の混乱が垣間見えます。持ち帰り初日に子どもがタブレットを壊してしまった、自宅で早速ゲームを始めた、などのケースも報告されています。現在市区町村ごとにバラバラになっている、こうした管理のあり方に何らかのガイドラインが必要ではないでしょうか。

1-2 使い方講習は始まったばかり

　教育委員会主導の教師への研修はごく一部の自治体で始まったばかりです。タブレットの操作方法を超えて教科指導への活用を教師たちが学ぶ場の設定はこれからです。1人1台のタブ

レット配布が新学習指導要領の目指す「**主体的・対話的で深い学び**」の実現にどう生かされるのか、現場や教育委員会の取り組みに注目したいと思います。そして、配布されたタブレットに教育活動とは無縁なサイトへのアクセスを制限する「エデュケーショナルコントロール」を、どうつけるのかも注目したいものです。

1-3 スクリーンタイムの総時間把握は

　GIGA スクール構想が本格的に始動し、すべての教科でタブレットなどの端末機器が授業で使われるようになり、家庭への持ち帰りも文部科学省の推奨通りすべての小中学校で実施されるようになると、問題になるのがスクリーンタイムの総時間です。文部科学省より、2021年3月12日に通知された、『GIGA スクール構想の下で整備された1人1台端末の積極的な利活用等について』では、"長時間の利用"や"過度の使用"にならないように繰り返し注意を促しています。しかし文部科学省も、誰が学校内の総使用時間を管理、コントロールするのかを指示してはいません。さらに家庭での使用時間を加えた「スクリーンタイム総時間」は、今のところ"野放し状態"になりかねないのです。各地の教育委員会や学校でどういった対応になるのか、注目したいものです。

1-4 保護者への説明は

　文部科学省は前出文書の中でGIGA スクール構想実施に当たっては、その趣旨や健康面の留意事項に関して保護者と事前に確認・共有しておくことが望ましいとしています。しかし、保護者への説明会を実施した学校や教育委員会はごくわずかで、しかもタブレットを納入した業者が説明役などという地域もあります。

　保護者には1枚の紙の連絡だけとか、何の連絡もないという地域が圧倒的に多いというのが実情で、中には突然タブレットを紛失・破損した際の弁償誓約書を書かされたという地域もあって、各地教育委員会の混乱ぶりがうかがえます。

　日本の学校教育が、大きな転換期を迎えようとしている現在、保護者に対して学校関係者からの丁寧な説明が望まれるところです。

2 ネットリテラシー教育のチャンス

　これまでわが国の小中学生たちは、ゲーム機やスマホなどを使って"好き勝手"にインターネットの世界に入り込んでいました。その結果、子どもたちは、本書で指摘したようにさまざまなネットトラブルに巻き込まれたり、落とし穴に転げ落ちたりしてひどい目にあったり、とんでも情報に振り回されて貴重な時間を失ったりしてきました。

　しかし、これからは違います。タブレットを使ってインターネットの世界に足を踏み入れることが、学校教育活動に正式に位置づけられることになります。GIGA スクール構想が定着し、デジタル教科書の利用が広がろうとしている今が、ネットリテラ

シー教育のチャンスです。今こそ子どもたちに、ネットの社会の護身術、ネット社会の作法をきちんと教える絶好の機会だと言えましょう。本書がそのテキストとして活用されることを願っています。

　文部科学省も前記文章の中で、子どもたちにリテラシーを身に付けさせることの重要性と「情報モラル教育」の必要性を強調しています。

　しかし、学校現場は、ただでさえ忙しく追いまくられている日常の中で、そうしたネットに関する教育の時間をどうつくり出すのか、何の時間をそうした教育に充てればいいのか、戸惑いも広がっています。

　文部科学省や各地の教育委員会は、各学校任せにするのではなく、GIGAスクール時代に入るに当たってどんな時間をそうした学びに充てるのか、明確な指針を示す必要があるでしょう。

3　教育格差の拡大に気をつけて

　デジタル教科書とタブレットを駆使した教育が拡大していくと、二つの側面で教育格差の拡大が懸念されます。第一は、子どもの家庭環境、特にネット環境の差がストレートに教育格差の拡大につながる恐れです。これまで日本の公教育はすべての子どもたちが同じ教室で、同じ教材で、同じ教師から同時に学ぶことで教育の平等性を担保してきました。しかし今後、各家庭で情報端末を使った予習復習の比重が高まっていくと、各家庭のネット環境格差がそのまま教育格差につながる可能性が高いのです。

　学校という近代教育システムが実現してきた公教育の平等性を、学校以外の家庭という場でどう担保するのか、教育関係者は厳しく問われることになります。

　もう一つは教師の力量です。紙の教科書での一斉授業と違って、タブレットやデジタル教科書での授業は教師の力量によって教育効果に大きな違いが出ることがわかっています。こうした教師間格差、学校間格差が、ストレートに子どもたちの教育格差につながらないようにするには、教師の研修や研究授業の繰り返ししかありません。とりわけ、クラス担任制の小学校での教師間格差は深刻な教育格差を生む可能性があります。教育委員会や教師の努力で教育格差の拡大を何とか喰い止めてほしいものです。

4　子どものからだと心を守るために、学校をあげた取り組みを

　小中学生全員へのタブレットの配布、デジタル教科書の導入で、今後子どもたちのスクリーンタイム（電子画面に向き合う時間）は増加の一途をたどることが予想されます。しかし、本書第4章で指摘したように、成長発達途上の子どもたちが長時間のス

クリーンタイムに曝されることは、脳や目の発達を阻害し、高齢化社会を生き抜くための足や体幹の筋肉の獲得の機会を決定的に狭めてしまいます。長時間のスクリーンタイムは、子どもたちの心の発達にも悪影響を及ぼすことも懸念されています。

　タブレットやデジタル教科書のメリットを最大限に活かしながら、スクリーンタイムの増加による子どもたちの発達への負の影響を最小化するために、学校現場の英知が求められています。

　授業で、デジタル教科書やデジタル機器を使って子どもたちに映像を見せる場合、提示した文字は消えるので、板書で何を残すかを明確にすることが大切です。また、それに連動したノート指導や、タブレットなどを授業のどこでどう使うかを校内研修等で共通理解を図っていくことが極めて大切です。

最後に

　GIGA スクール構想が動き始めた今、タブレットの使い方研修が実施されていても、「主体的・対話的で深い学び」のためにタブレットを教科指導にどう活かしていくのかについては、教師の研修はスタートラインに立ったばかりです。今後の充実に期待したいと思います。

■GIGA スクール構想 本格運用時チェックリスト（抜粋）

1人1台端末を活用することの意義やその方法・留意点等について、教職員への研修や家庭・保護者等への情報提供を十分に行うことが重要としています。以下のことをチェックしてください。

(A) 管理・運用の基本

■貸与された端末等を児童生徒が大切に扱うためのルールを明確に作成し、保護者・児童生徒に共有されているか（落とさない、濡らさない、インターネット上に個人情報を載せない、人の写真をみだりにとらない、保管方法 等）

■セキュリティ問題やネット利用に関するトラブルが発生した際の問合せ先、相談先を、教職員・保護者・児童生徒にわかるように示しているか（情報漏洩、ネットいじめ等が発生した場合の対応フロー（スクールロイヤーとの連携、相談先のリストアップ）等）

■端末等を家庭に持ち帰るときのルールを明確に作成し、教職員・保護者・児童生徒に共有されているか（充電の扱い、使用時間、保護者への確認書、アプリのインストール・アンインストールをしないこと 等）

■端末等を家庭に持ち帰るとき、通信環境が整っていない家庭に対する具体的な対策を講じているか（ルータの貸与、家庭でのWi-Fi 利用に関する支援 等）

(C) ICT の活用

■ネットワーク等の特性を理解し、危険な行動、他人に迷惑をかける行動をしないよう児童生徒に注意を促す機会を設けているか（情報モラル教育の充実 等）

■ICT を活用した学びの幅を制限することなく、さらに、安心・安全が確保できるように機能制限やフィルタリングなどの手段を適切に講じているか（標準仕様書の内容を基本とした、クラウドサービスを活用できる設定であるか 等）

■児童生徒の健康面に配慮した活用方針を定め、教職員・保護者・児童生徒にわかりやすく示しているか（目と端末の距離を 30cm 以上離すこと、30 分に1 回は20秒以上目を休めること、就寝1 時間前からはICT 機器の利用を控えること 等）

(D) 研修・周知

■1人1台端末とクラウドを活用した新たな学びの目指す目標、端末等の管理運用などについて、管理職向けの研修を行っているか（理念等だけでなく、管理職向けの体験研修を実施しているか 等）

■授業等での活用、端末等の管理運用に関する教職員向けの研修を計画的に行っているか（導入研修、活用研修の年間計画が立てられているか 等）

■端末等の操作や活用について、教師自身、または教師間で学ぶことができる研修用の材料や情報を提供しているか（学校設置者が行う研修会以外に、多様な研修機会の創出、コミュニティツールを活用した教師間での情報交換 等）

■児童生徒に対する端末の取扱いや情報モラル教育に関する研修が行われているか（ネット上のトラブル等に詳しい外部講師の活用、教材の提供 等）

■1人1台端末の活用目的や家庭にお願いしたい協力事項等を伝えるための保護者向け資料を作成し、提供しているか

（文部科学省 「GIGAスクール構想の下で整備された1人1台端末の積極的な利活用等について」 令和3年3月12日発表より抜粋）

CD-ROM の使い方

■ 動作環境

○ PowerPoint 2019 以降が動作するパソコン。

○ CD-ROM ドライブ必須。

■ ご使用上の注意

○ OS やアプリケーションのバージョン、使用フォント等によってレイアウトがくずれたり、うまく動作しないことがあります。ご使用の環境に合わせて修正してご利用ください。

○ このCD-ROM を音楽用CD プレーヤー等で使用すると、機器に故障が発生する恐れがあります。パソコン用の機器以外には入れないでください。

○ CD-ROM 内のデータ、あるいはプログラムによって引き起こされた問題や損失に対しては、弊社はいかなる補償もいたしません。本製品の製造上での欠陥につきましてはお取りかえしますが、それ以外の要求には応じられません。

※ CD-ROM の裏面に傷をつけると、データ等が読み込めなくなる場合がございますので、取扱いには十分ご注意ください。

※ このCD-ROM 内に収録しているデータについてのサポートは行っておりません。

※ カラーのレイアウト見本やイラストは、パソコン、プリンターの設定、環境等により、色調などが掲載と異なる場合がございます。

CD-ROM の構成

■ ファイル、フォルダの構成

2_interne_riyou

3_kodomo_trouble

4_karada_kokoro_izon

5_net_literacy

6_taisetsu

worksheet

read_me.pdf

■ 著作権に関しまして

　本書に掲載している、すべてのパワーポイント展開例、シナリオ案、文例、イラスト及び、付属のCD-ROM に収録しているデータの著作権・使用許諾権は、弊社及び著作権者に帰属します。

　なお複製使用の許諾については、株式会社少年写真新聞社にお問い合わせください。学校内での使用、児童生徒・保護者向け配布物に使用するなどの教育利用が目的であれば、自由にお使いいただけます。それ以外が目的の使用、ならびにインターネット上で使用することはできません。Windows、PowerPoint はMicrosoft Corporation の米国その他の国における登録商標または商標です。

監著者紹介

清川 輝基

NPO 子どもとメディア代表理事
日本小児科医会「子どもとメディア委員会」特別委員
さくら国際高等学校 初代校長 (現：名誉校長)

● 略歴

1964 年 東京大学教育学部教育行政学科卒業。同年 NHK に入局。社会報道番組ディレクターとして「ニュースセンター9時」などを担当。海外取材番組「教育の時代！」、NHK 特集「警告！！子どものからだは蝕まれている！」「何が子どもを死に追いやるのか」などを制作。教育問題、子どもをテーマに取り上げた特集番組も多く手がけた。19 時ニュース編集責任者、報道局次長、NHK 長野放送局長、NHK 放送文化研究所研究主幹などを歴任。その間慶應義塾大学メディア・コミュニケーション研究所講師も勤める。「子ども劇場」創立 (1966)。NPO 法人チャイルドライン支援センター設立 (1999)、初代代表理事。

● 主な著書

『人間になれない子どもたち』(枻出版社)、『メディア漬けで壊れる子どもたち』・『ネットに奪われる子どもたち』・『スマホ社会の落とし穴』ともに (少年写真新聞社)

おわりに

　本編でも述べたように、2021年は「GIGA スクール元年」とも呼ぶべき子どもとメディアに関する大変革の年になりました。タブレットは配布されたものの、子どもたちのよりよい学びをどう保障するのか、子どもたちの安全と健康をどう守るのか、教師の教科指導力のレベルアップをどう担保するのか、各地の模索は始まったばかりです。

　そうした中でキラリと光る学校現場の取り組みも聞こえてきます。東京・杉並区のある中学校では保健給食委員会を中心に、毎月メディアアンケートを実施し、委員が各クラスの健康ミニリーダーとなって各自の「メディアファイル」をチェックして生徒の自主性・主体性を活かした形で行動変容を促す取り組みを始めています。また京都・長岡京市 のある小学校では、子どもたちへのネットリテラシー教育を実施しながら、教師間のタブレットを使った教育格差をなくすために、1学年5クラスの担任5人が定期的に集まって、タブレットの使い方の調整を始めているということです。

　こうした「GIGA スクール元年」ならではの取り組みは、これからも多彩な形で全国各地で展開されていくのものと思われます。そうした取り組みの中に、本書で力説してきた「ネットリテラシー教育」の視点をぜひとも取り入れていただきたいと、心から願っています。

　最後になりましたが、本書の執筆にあたっては豊泉 行男先生 (前 静岡市立千代田小学校　校長)、藤村ゆかり先生 (長野県高校教諭)、富田香先生 (平和眼科 院長)に大変お世話になり、多大なご協力をいただきました。ありがとうございます。また、少年写真新聞社 編集部の大石里美氏には、コロナ禍の中、大変なご苦労をおかけしました。心から感謝を申し上げます。

2021年6月23日　　沖縄慰霊日の日に…　　清川輝基

協力

富田　香（平和眼科 院長　小児眼科医）

豊泉 行男（前 静岡市立千代田小学校長・現 初任者研修指導教員）

藤村 ゆかり（長野県高校 教諭）

※五十音順

パワポで簡単！GIGA スクール時代の
スマホ・ゲーム・ネットリテラシー授業　　CD-ROM 付き

2021 年 8 月 15 日　　初版第 1 刷発行

監著者	清川 輝基
発行人	松本 恒
発行所	株式会社 少年写真新聞社
	〒 102-8232　東京都千代田区九段南 4-7-16
	市ヶ谷 KT ビル I
	Tel（03）3264-2624　Fax（03）5276-7785
	URL　https://www.schoolpress.co.jp
印刷所	図書印刷株式会社

©Terumoto Kiyokawa 2021 Printed in Japan

ISBN978-4-87981-738-9　C3037

編集：大石里美　DTP：tt-unit　表紙装丁：ミヤジュンコ　イラスト：モンコ・吉田一裕
校正：石井理抄子　パワポ制作：カドタアヤ　編集長：野本雅央